A TRAVERS L'ITALIE

PAR A. MEYLAN

PARIS
LIBRAIRIE FISCHBACHER
(Société anonyme)
33, RUE DE SEINE, 33
· 1890 ·

LIBRAIRIE FISCHBACHER, 33, rue de Seine, PARIS

EXTRAIT DU CATALOGUE

Azeline. Carnet d'un touriste. 1 vol. in-12.................... 3 50
— Récits d'un montagnard. Alpes et Jura. 1 vol. in-12.................... 3 50
Baumgartner (H.). Les dangers des ascensions. 2e édition. 1 vol. in-12 1 50
Berthoud (Fritz). Un Hiver au soleil. Croquis de voyage en Italie. 1 volume in-12.................... 4 50
Bost (J.-A.). Souvenirs d'Orient. — Damas, Jérusalem, Le Caire. 4 50
Branda (Paul). Autour du monde. 1 vol. in-12.................... 3 50
— Lettres d'un marin. 1 vol. in-12.. 3 50
— Les trois caps. Journal de bord. 1 vol. in-12.................... 3 50
— En mer. 1 vol. in-12............. 1 fr.
— Mers de l'Inde. 1 vol. in-12.... 2 fr.
— Mers de Chine. 1 vol. in-12.... 2 fr.
— Un jour à Monaco. 1 vol. in-18.. 1 fr.
— A Barcelone. 1 vol. in-18...... 1 fr.
— Ça et là. — Cochinchine et Cambodge. 1 vol. in-12 .... 3 50
— Le Haut-Mékong ou le Laos ouvert. 1 vol. in-8° avec carte .... 2 fr.
Bruyssel (Ernest van). La République Argentine, ses ressources naturelles, ses colonies agricoles, son importance comme centre d'immigration. 1 vol. in-8°................ 6 fr.
— La République orientale de l'Uruguay. 1 vol. in-8°................ 6 fr.
— Les États-Unis mexicains. 1 volume in-8°.................... 3 50
Castelar (Emilio). L'art, la religion et la nature en Italie. 2 vol. in-12.. 7 fr.
Claparède (A. de). Au Japon. Notes et souvenirs. 1 vol. in-12........ 3 50
— Champéry, le val d'Illiez et Morgins. — Histoire et description. 2e éd. 1 vol in-12 .... 3 50
Comettant (Oscar). Au Pays des Kangourous et des Mines d'or. 1 volume in-12.................... 3 50
Coquerel (At.). La Galilée. Feuillets détachés d'un carnet de voyage. 1 vol. in-12.................... 2 fr.
Coquerel (Ch.). Lettres d'un marin à sa famille. 1 vol. in-12 .... 3 50
Durier (Ch.). Le Mont-Blanc, 3e édition. 1 vol. in-12, avec 1 carte .. 3 50
— Histoire du Mont-Blanc. Conférences. 1 vol. in-12.................. 1 50
Duvillard (M). Esquisses italiennes. 1 vol. in-12.................... 3 50
Eschenauer (A.). L'Espagne. — Impressions et souvenirs. 1880-1881. 1 vol. in-12.................... 3 50
Étienne (C. P.). La Nouvelle-Grenade. — Aperçu général sur la Colombie et Récits de voyages en Amérique. 1 vol. in-12.................... 2 fr.
Ferrand (X.). Autour du Pelvoux. 1 vol. gr. in-8°.................... 2 50
— Promenades autour du Mont-Blanc. In-8°.................... 1 50
Furrer (Conrad). En Palestine. 2 vol. in-12.................... 7 fr.

Gellion-Danglar (Eugène). Lettres sur l'Égypte contemporaine. 1 vol. in-12.................... 3 50
Grin (F.). Charles Gordon. — Un héros. Avec cartes et grav........ 3 50
Imbert (H.). Quatre Mois au Sahel. — Lettres et notes algériennes. 1 vol. in-12.................... 3 50
Jousse (Th.). La Mission française au sud de l'Afrique. 2 vol .... 15 fr.
— La Mission au Zambèze. 1 volume in-8°.................... 3 50
Kaltbrunner (D.). Manuel du Voyageur. 1 vol. in-8°, avec grav. et planches broché, 12 fr. 50; cart........ 15 fr.
— Aide-Mémoire du Voyageur. — Notions générales de géographie mathématique, physique et politique, de géologie, de biologie et d'anthropologie à l'usage des voyageurs, des étudiants et des gens du monde. 1 vol. in-8° avec grav. et planches, broché, 12 fr.; cart.. 13 50
Marcet (Ed.). Australie. — Un voyage à travers le Bush. 1 vol. in-8° avec photographies................ 20 fr.
Meylan (A.). A travers les Espagnes. 1 vol. in-12.................... 3 fr.
— A travers l'Herzégovine. 1 vol. in-12. 3 fr.
— A travers les Russies. 1 vol. in-12. 3 fr.
Moltke (Maréchal de). Lettres sur l'Orient, traduites par Alfred Marchand. 1 vol. in-12.................... 3 50
— Lettres sur la Russie, trad. par Alf. Marchand. 1 vol. in-12........ 2 fr.
Ninet (John). Au Pays des Khédives. Plaquettes égyptiennes. In-12.. 3 50
Potagos (Dr). Dix années de voyages dans l'Asie centrale et l'Afrique équatoriale. 1 vol. in-8°.......... 20 fr.
Pressensé (E. de). Le pays de l'Évangile. — Notes d'un voyage en Orient. 1 vol. in-12, avec une carte. .. 3 fr.
Puaux (Frank). Les Bassoutos. In-8°. 1 fr.
Rambert (Eug.). Les Alpes suisses.
  I. Alpes vaudoises et Dent du Midi. 1 vol. in-8°.................... 5 fr.
  II. Suisse centrale. In-8°...... 5 fr.
  III. Études d'histoire naturelle. 1 vol. in-8°.................... 5 fr.
  IV. Études historiques et nationales. 1 vol. in-8°.................... 5 fr.
  V. Études de littérature alpestre. 1 vol. in-8°.................... 5 fr.
Réveillaud (Eug.). Une excursion au Sahara algérien et tunisien. 1 volume in-12.................... 3 fr.
Saillens (Mme R.). Au Pays des Ténèbres. — Histoire de la 1re mission au Congo. In-8° avec grav..... 2 50
Saussure (H. B. de). Voyages dans les Alpes. 1 vol. in-12.......... 3 50
Vernes (Ch.). La France au Congo et Savorgnan de Brazza. In-8°... 1 fr.
Zsigmondy (E.). Les dangers dans la montagne. — Indications pratiques pour les ascensionistes. 1 v. in-8°. 6 fr.

Strasbourg, typ. de G. Fischbach. — 829.

A TRAVERS L'ITALIE

OUVRAGES DU MÊME AUTEUR :

A travers les Espagnes. — 1 vol. in-18 jésus, 1876 . . . . 3 fr.
A travers l'Herzégovine. — 1 vol. in-18 jésus, 1876 . . . . 3 fr.
A travers les Russies. — 1 vol. in-18 jésus, 1880 . . . . 3 fr.

A TRAVERS
L'ITALIE

PAR

A. MEYLAN

Préface de VICTOR TISSOT

PARIS
LIBRAIRIE FISCHBACHER
SOCIÉTÉ ANONYME
33, RUE DE SEINE, 33
1890

STRASBOURG, TYPOGRAPHIE DE G. FISCHBACH — 829.

PRÉFACE

Mon cher ami,

Quand je veux me représenter un homme heureux, pourquoi ma pensée se porte-t-elle tout naturellement sur vous? C'est que j'ai goûté un peu de votre vie: je me suis assis à votre table, j'ai rêvé sous vos beaux ombrages, j'ai joui du calme et de la paix qui vous entourent. Vous avez quitté la ville pour la plus délicieuse des campagnes: celle d'où l'on voit encore les clochers et les toits rouges de la ville. Avec ce sens artistique si développé chez vous, vous avez choisi un endroit merveilleux et vous avez planté votre jolie villa au milieu d'un paysage qui est un des grands décors des Alpes. Tout autour de vous des vergers, des jardins fleuris; à vos pieds, la rivière qui miroite et glisse, semblable à une coulée de verre; en face, sur l'autre versant de la vallée, les maisons de la ville, pressées en rempart, hautes, étroites, dominées par le clocheton de l'Hôtel de Ville et la tour en dentelles de la vieille cathédrale; et, au-delà, les montagnes de l'Oberland, dressées comme les vastes tentes d'un peuple de géants, ou les tentes de satin d'une armée d'archanges.

Pour proclamer votre indépendance vous avez flanqué votre maison de deux tours, et vous régnez sur un royaume charmant, dont les sujets ne sont que des sujets de joie pour vous. Jamais de murmures, de mécontentement, de révolte. Vous avez une basse-cour plus complète et tout aussi chamarrée que celle d'un empereur d'Allemagne. Quand vos paons vous voient, ils font la roue; et vos tourterelles roucoulent, et vos oies claironnent, et vos chiens gambadent, se roulent à vos pieds et lèchent vos mains. Vous avez des canards qui sont muets et des poules qui sont fécondes. Vous avez des arbres qui sont pleins de fleurs et pleins de nids, et de votre terrasse où la vigne-vierge et le jasmin s'embrassent avec tendresse, vous dominez un des plus rares panoramas de la Suisse. Il semble avoir été fait tout exprès pour vous réjouir la vue, — ô homme aimé des dieux et des déesses!

Vous vous promenez chez vous en veston de flanelle; vos gazons sont assez doux et bien taillés pour que vous les parcouriez en pantoufles; et, le *soir, quand les blanches montagnes de l'Oberland mettent leurs chemises roses et s'endorment sous la garde des fidèles étoiles, — vous avez la sagesse de les imiter : vous vous couchez tôt pour vous lever tôt.*

Vous avez beaucoup de méthode, de rectitude dans votre vie. Comment un homme qui a aussi bien fixé que vous l'emploi de toutes ses heures, trouverait-il le temps de s'ennuyer ou d'être malheureux ? Le bonheur est une habitude. Il faut aussi savoir prendre l'habitude d'être heureux.

Pour mieux goûter votre bonheur, pour mieux apprécier ce nid que garde si bien celle qui est devenue votre compagne, vous vous envolez souvent à tire-d'aile, pareil au pigeon-voyageur ; et vous allez chercher le plaisir dans le danger, la sensation dans le péril. Les horizons lointains vous tentent, et plus ils sont orageux, plus ils vous sont cléments.

Vous avez fait autant par amour de l'aventure que par devoir professionnel ces deux dramatiques expéditions de Nouvillas et de Serrano contre les bandes carlistes retranchées en leurs montagnes.

Un peu plus tard, l'Herzégovine est en révolte. Vite, vous franchissez l'Adriatique, vous rejoignez les insurgés dans leurs sauvages défilés, vous les suivez dans leurs marches de nuit, dans leurs attaques contre les fortins turcs. Un jour, bien que vous ne soyez armé que d'un bâton, un bachi-bouzouck tire sur vous, et..... vous manque. Un homme heureux ne meurt que dans son lit!

La guerre éclate en Orient. Vous partez pour la Bulgarie, vous pénétrez dans le camp d'Abdul-Kérim, vous faites toute la campagne, et les lettres que vous adressez au Siècle, *au* Temps, *à l'*Indépendance belge *ne sont pas les moins remarquées.*

Après avoir été en Albanie avec l'armée monténégrine, vous allez en Tunisie avec l'armée française, envoyé par le Siècle, *l'*Indépendance belge *et le* Monde illustré.

Un extraordinaire besoin d'activité vous dévore. Quand on ne se bat plus nulle part, quand le choléra remplace la guerre et fait presque autant de victimes, vous courez à Saragosse, à Lérida, à Madrid; et vous allez à Marseille et à Toulon lorsque tout le monde les fuit.

Les complots nihilistes jettent la terreur en Russie. Vous partez immédiatement pour Saint-Pétersbourg; et de toutes ces rapides expéditions vous rapportez des albums de croquis, des calpins noircis de notes, documents et matériaux de vos futurs ouvrages.

Vous écrivez comme vous allez: en courant. Rien chez vous ne sent l'apprêt et le travail. Vous produisez des livres comme vos poiriers produisent des poires ; et vous avez cette supériorité sur eux que vous donnez des fruits en toute saison.

L'ouvrage que vous m'envoyez sur l'Italie fera diversion avec vos précédents volumes. A travers l'Albanie, A travers les Espagnes *relatent des épisodes de sang, ce sont de sombres tableaux de guerre, des récits de campagnes;* A travers l'Italie *est une promenade de touriste, une excursion de vacances.*

Ah! quel dommage que vous ne soyez pas né quatre siècles plus tôt! Je ne vous aurais pas connu, il est vrai, et j'aurais été privé d'un excellent ami ; mais que de découvertes vous auriez faites. Aujourd'hui, quel est celui d'entre nous, — à moins d'être Stanley et d'avoir des millions et une armée à sa disposition — qui oserait parler de pays inconnus? Il n'y a que des peuples négligés, des coins plus ou moins ignorés. Voyageur curieux, à la recherche du nouveau, ce sont ces peuples et ces pays qui vous attirent.

Vous ne vous attardez pas dans les musées, vous traversez rapidement les plaines de l'Émilie, et vous commencez votre livre par une visite à une république que nous connaissons de réputation, — comme les cuisinières connaissent l'orthographe. Vous nous dites les origines de ce petit peuple de

San Marino qui est là, perdu au milieu de l'Italie monarchique, comme une famille de naufragés sur un récif. Vous nous les faites aimer, ces braves gens, qui obéissent à neuf carabiniers, qui composent à eux tous une armée formidable de 62 hommes, et qui laissent aux capucins le privilège exclusif de fabriquer le tabac à priser et de faire éternuer les gens pour leur rappeler que Dieu les bénit.

L'amusante et gentille république! Un budget de 240,000 francs! Pas d'impôts indirects. Un médecin et un vétérinaire entretenus aux frais de l'État! Et le gouvernement paye des jambes de bois à ceux qui n'en ont plus! Pas de journaux: Il Radicale paraît quand il a quelque chose à dire, tous les trois mois une fois!

A Rome, c'est la rue et le peuple qui vous intéressent; puis le grandiose tableau de la campagne romaine tente vos pinceaux.

Après vous être arrêté sous les treilles de Tivoli et de Frascati, vous allez à Naples la bruyante, Naples la lazarone, Naples la révolutionnaire, dont vous redites l'histoire, dont vous racontez les mœurs et notez les chansons.

Et puis c'est la Sicile, l'île mythologique et divine, qui vous ouvre ses bras comme une baigneuse blonde aux yeux noirs. A Palerme, un barbier vous a un peu écorché en vous rasant, mais votre robuste bonne humeur ne s'en porte pas plus mal.

Enfin, de la Sicile, « pays de brigands » — vous nous faites passer dans les Abruzzes, — autre pays de brigands.

Les faiseurs de romans, de drames et d'opérettes veulent absolument que ces deux pays soient des contrées très dangereuses, très sauvages. Et comme à Paris, on étudie la géographie au théâtre, on croit les librettistes sur paroles... et musique. Vous nous dites, vous, que c'est de l'histoire ancienne. Et il serait difficile de vous contredire: vous avez rapporté vos deux oreilles.

En commençant votre livre, vous nous révélez San Marino; en le terminant, vous nous révélez Sarracinesco. Les deux villes sont aussi pittoresques, aussi originales l'une que l'autre. Sarracinesco est très haut perché, sur un rocher, comme San Marino; et il n'a pas même assez de terre pour enterrer ses morts. Sarracinesco est un ancien nid de Sarrazins, et le type oriental, la noble et grave allure de l'Arabe se retrouvent chez les hommes et chez les femmes. Celles-ci sont particulièrement belles, avec leurs grands yeux, profonds comme le désert; et n'ayant ni champs ni jardins à cultiver, elles vivent de leur beauté: tous les modèles d'artistes qu'on rencontre à Rome, sont de Sarracinesco.

Vous nous dites que ce pays de modèles est un pays modèle; mais ce que vous ne nous dites pas, ce que vous ne direz jamais, c'est que vous n'avez pas eu besoin de découvrir Sarracinesco pour devenir le modèle de loyauté et de dévouement que je connais.

Victor Tissot

Châlet de Champrond, 10 mai 1890.

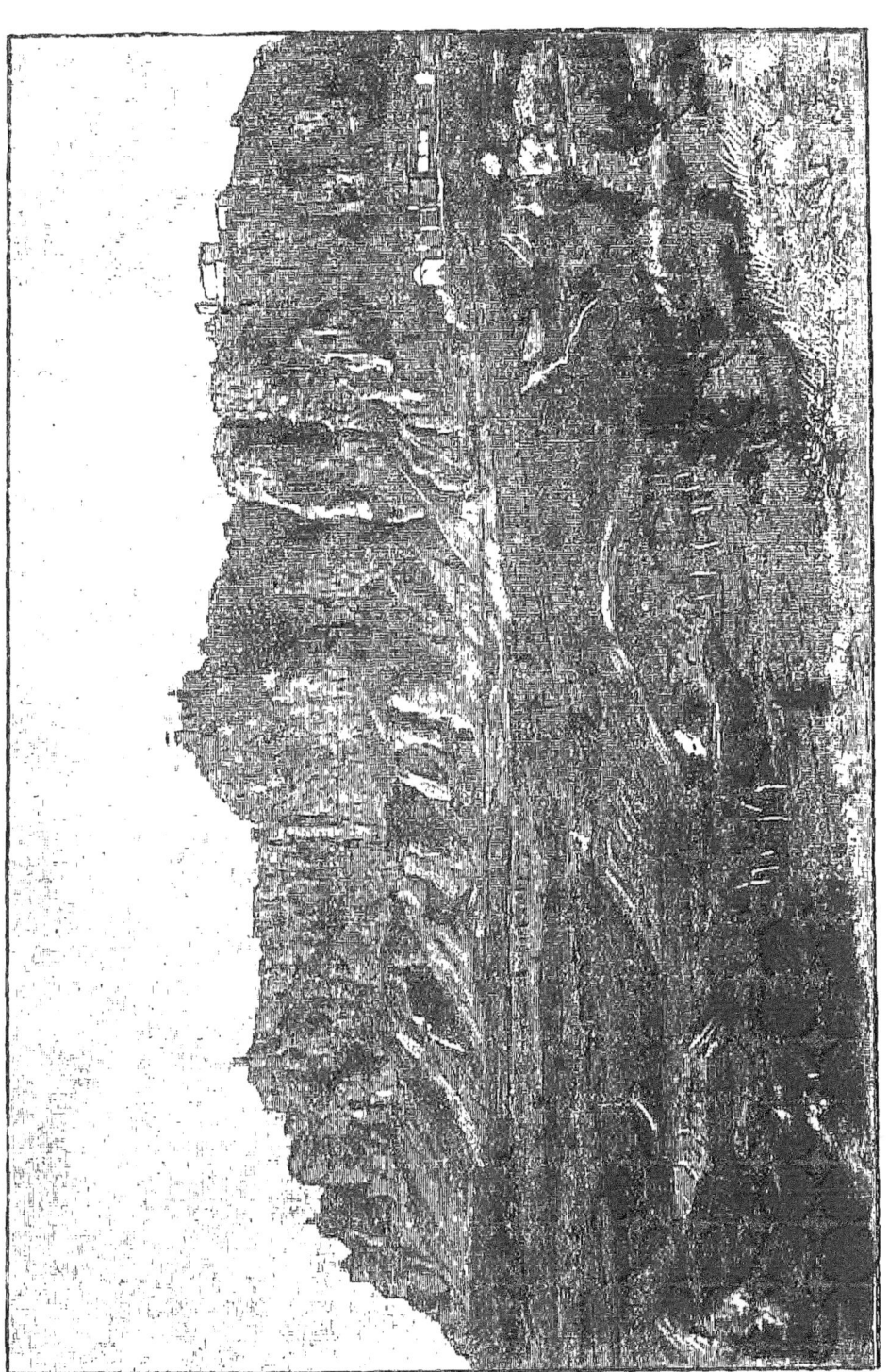

Vue générale de Saint-Marin.

A TRAVERS L'ITALIE

I

LES CAMPAGNES DE L'ÉMILIE. — DE RIMINI A SAN-MARINO. — LA PETITE RÉPUBLIQUE AUX TROIS TOURS EMPENNÉES.

L'automne est venu, la brise d'octobre a rafraîchi l'atmosphère; quelques nuages chassés par le vent de l'Adriatique crèvent ici et là le bleu sombre du ciel; des pluies ont rajeuni le paysage, la végétation dégagée des poussières de l'été apparaît dans tout son éclat; partout les teintes rougeâtres de l'automne, des feuilles mortes sur les routes, des baies rouges dans les haies et buissons. C'est l'automne des belles campagnes d'Italie ; il y a agitation et mouvement autour des fermes et des chaumières; les paysans rentrent les fruits de la saison, paniers de figues et raisins ; au loin sur les routes de grands bœufs gris, propres, nerveux, aux cornes effilées, naseau percé par une boucle, traînent le grand chariot rouge à deux roues peint et orné du chiffre du paysan. Sur le char, de grandes caisses, des paniers emplis de raisins dorés ou noirs couverts d'une teinte violacée, s'acheminent lentement, parfois vingt ou trente à la suite les uns des autres. Dans les vergers et dans les champs, juchés sur les arbres, les vendangeurs et vendangeuses armés de serpes engagées dans un long bâton taillent les grappes aux branches que la folle vigne a poussées jusqu'aux plus hautes tiges des mûriers. Plus loin un homme foule et piétine nu-pieds dans une grande cuve les grappes juteuses ; des bandes de femmes et de filles, un lourd panier ajusté sur la tête, trottinent haletantes se dirigeant vers la ville pour y vendre le fruit frais. Ce sont les *ottobrate* des campagnes d'Italie, les jours ouvriers s'entend, car le dimanche les *osterie* des abords des villes s'emplissent de monde : on boit sous la tonnelle le vin doux ou piquant, on chante le ciel bleu, les beaux yeux des belles ; la guitare et la mandoline retentissent partout. Le voyageur qui traverse ces campagnes où s'épanouissent, sous les rayons adoucis du soleil de l'automne, les fruits les plus savoureux, les grappes les plus vermeilles, rencontrera ici ou là

quelque serviteur du culte accouru du monastère pour percevoir l'impôt de l'Église. Ce sera quelque bon capucin, perdu au fond d'un petit véhicule à deux roues, traîné par un petit âne. En été le père capucin va quémandant beurre, œufs, fromage, froment, en automne, fruits, raisins, vin nouveau. Tout le monde se plaint et tout le monde donne. On ne sait rien refuser à l'Église. Je traversais justement les magnifiques campagnes qui s'étendent de Rimini vers les montagnes de l'Apennin. Les fermes, les chaumières, les villas sont perdues dans les mûriers, les figuiers, les arceaux de vigne ; on quitte les faubourgs bruyants de la vieille cité d'Ariminium, avec ses grands souvenirs de Rome, sa pierre d'où Jules César harangua ses légions après le passage du Rubicon, et on se trouve immédiatement en pleine campagne, du passé dans le présent. La route traverse un pays pittoresque, cultivé comme un jardin, puis insensiblement elle monte et, tout à coup, au sortir des bouquets de feuillage on voit se dessiner à l'horizon le gigantesque profil de la montagne de Saint-Marin, se détachant sombre contre l'horizon. A mesure qu'on avance, on voit plus distinctement les tours, les rochers, la ligne des maisons appuyées les unes aux autres dominant le vide, formant comme une dentelle régulière à côté des déchirures des grands rochers. Trois tours se détachent hardiment au-dessus de la ligne des rocs : ce sont les trois tours empennées qui forment aujourd'hui, en sable sur fond azur et argent, les armes de la plus petite et de la plus ancienne des républiques de l'Europe. On arrive à l'extrémité méridionale de la colline de Covignano ; on parvient à un ruisseau sur lequel est jeté un pont de pierre ; au milieu du pont on voit une borne de marbre avec les initiales R. S. M. (Republica Sancti Marini); on est en terre républicaine, on foule le sol d'un état libre dont la fondation remonte aux premiers âges de l'ère chrétienne. Le sol est devenu brusquement moins fécond, le terrain calcaire est mêlé de schistes pulvérulents ; les vergers sont moins plantureux, la vigne n'est plus aussi luxuriante, les mûriers sont espacés, des chênes les remplacent ; des troupeaux de petits porcs se régalent de glands sous les grands arbres. Quelques maigres champs de maïs, des oliviers rachitiques, telles sont les ressources agricoles du peuple de cet état en miniature qui a nom République de Saint-Marin.

Le voyageur suit une route bien entretenue bordée de pierres taillées ; il arrive au village ou plutôt à la bourgade de Serravalle, proprette et gentille, habitée par quelques centaines de braves gens adonnés aux travaux des champs. Point de mendiants, point de gens en guenilles, un air de prospérité, de bien-être, d'honnêteté répandu partout. Voici une boutique ; on y vend de tout : du vin muscat et du tabac, des chandelles, du pétrole, du café, des épices. Les gens du pays sont polis, courtois, ils sont plus sérieux et réfléchis que dans le reste du pays. La route monte toujours et pendant plusieurs kilomètres encore jusqu'au Borgo, la bourgade avancée sous les rochers de Saint-Marin. La petite ville est bien entretenue ; il y règne une certaine animation ; elle a ses rues bien pavées, sa fontaine, ses églises, sa place où l'on joue à la pelote. On se croirait dans quelque petite cité des pays basques. C'est au Borgo qu'est le commerce, l'animation ; c'est au Borgo que se tiennent, plusieurs fois l'an, des foires renommées dans le pays ; les marchands de bestiaux, de mules, ânes, chevaux y accourent des contrées voisines de Rimini, d'Urbino, de Cesena, de Forli, Montefeltre et Pesaro. Le Borgo est séparé de Saint-Marin par une paroi de rochers perpendiculaires qui s'élèvent à 100 et 150 mètres au-dessus de la petite ville. Aussi dès octobre la population ne voit-elle plus le soleil que dans le lointain, éclairant les monts du pays, mais la laissant dans l'ombre. Une route taillée dans le roc, tracée dans le fouillis des buissons monte à droite vers Saint-Marin, tandis que la voie carrossable, plus large, fait de nombreux lacets pour aboutir à l'une des deux portes de la ville de Saint-Marin, portes bardées de fer et datant du moyen âge sans doute. C'est le seul côté abordable de la ville. Saint-Marin est attaché en corniche au flanc septentrional de la montagne ; le versant méridional est dominé par les trois tours, la citadelle, des murailles épaisses, jetées hardiment au-dessus de précipices vertigineux. L'intérieur de la petite ville est bâti en amphithéâtre ; ce sont des groupes de maisons étagées, auxquelles on s'est ménagé accès par des escaliers taillés dans le roc. Comme dédommagement des difficultés et des peines et aussi de cette situation exceptionnelle d'isolement, les habitants de la ville jouissent d'une des vues les plus magnifiques que puissent offrir les Apennins. Au nord et à l'est c'est le grand ruban turquoise de l'Adriatique avec ses voiles grises, ses navires, et au loin, à perte de vue, la ligne bleue des montagnes de la Dalmatie, des îles du Quarnero et de Lissa; puis, dans le demi-cercle dont Rimini est le centre, on aperçoit Ravenne, Faenza, Cesena, Gradara, la ligne blanche de Forli, les châteaux rouges couronnant les hauteurs de cent monts jetés çà et là comme les vagues d'une mer. A l'ouest Saint-Leo, un pénitencier italien avec 500 détenus dans une forteresse accrochée à un fouillis de rochers. Au midi les montagnes se pressent comme les flots; on voit des taches rouges dans les gorges ; c'est du fer qui transpire à travers le sol, ce sont des gisements qui demandent à être exploités. Bien loin à l'horizon ce sont les monts de la Toscane, les Alpi della Luna, le Savio où le Tibre prend sa source et se dirige vers le sud, tandis que la Marecchia lui fausse compagnie et vient jeter dans l'Adriatique ses eaux jaunes et troublées. Tel est l'admirable panorama qui se déroule sous les yeux du voyageur habitué aux incommensurables plaines d'Italie. Parvenu à ces altitudes, il se sent brusquement dans une atmosphère plus légère ; la grandeur, ou plutôt la magnificence du paysage lui fait bien vite oublier la fatigue passagère, il se sent subjugué par la majesté de ce grand tableau, dont il ne soupçonnait pas l'existence.

C'est là le paysage de Saint-Marin, montagne isolée de tous côtés de la chaîne de l'Apennin, et dont la configuration géologique se prête admirablement, par son caractère propre et spécial, à conserver à la république son originalité et son caractère.

Avant de poursuivre, il est nécessaire de donner rapidement quelques notices historiques sur les origines de ce curieux petit pays, qui n'occupe qu'un point imperceptible sur la carte d'Italie et qui n'a d'importance que par son incontestable grandeur morale.

La montagne de Saint-Marin portait dans l'antiquité le nom de *Mons Titanus*, nom qu'elle a conservé pendant les premiers siècles de l'ère chrétienne.

C'est sous le règne de Dioclétien qu'un ancien soldat dalmate, après avoir longtemps travaillé aux réparations du port de Rimini, se retira sur le mont Titan, alors inculte et sauvage, pour y vivre dans la prière et pour fuir les persécutions auxquelles les premiers chrétiens étaient exposés. La montagne appartenait à une matrone romaine du nom de Felicissima, dont les deux fils entreprirent de chasser le chrétien, qui par sa présence pouvait compromettre la famille aux yeux de l'autorité. Menacé dans son asile, Marino, car c'était le nom du soldat, adressa au ciel de ferventes prières, et les jeunes gens privés de forces durent interrompre leurs poursuites. Ils revinrent chez eux aux prises avec une maladie violente ; leur mère pensa que celui qui avait brisé leur vigueur pouvait seul leur rendre la santé : elle alla trouver le pieux cénobite et le supplia de prier pour ses fils le Dieu puissant qu'il adorait. Marino se rendit à ses désirs, les deux frères recouvrèrent la santé, miracle à la suite duquel il leur administra le baptême ainsi qu'à leur mère et à une cinquantaine de membres de la famille et serviteurs. L'avènement de Constantin avait mis fin à la persécution ; l'austérité, la piété de Marino étaient connues dans tout le pays. Saint Gaudence, évêque de Rimini, pria Marino qu'on appelait déjà saint Marin de partager l'administration religieuse de la province émilienne. Saint Marin accepta, mais peu après il voulut retourner à sa montagne avec ses néophytes qui vécurent avec lui dans une communauté de bonnes œuvres. Après sa mort, il fut définitivement placé au nombre des saints et ses disciples se groupèrent autour de la grotte qui lui avait servi d'asile, non comme des religieux, mais comme des pères de famille élevant leurs enfants dans la pratique des vertus chrétiennes. Telle est la légende ou plutôt, d'après la tradition, l'origine de ce petit peuple qui a conservé à travers tous les orages, les révolutions politiques, les guerres, les secousses et surtout le courant des nationalités, son indépendance, sa liberté et sa simplicité.

Les siècles qui ont suivi la mort de saint Marin sont couverts d'un voile épais. On sait cependant qu'au IXe siècle saint Marin fit partie de la donation faite au souverain pontife par Pépin le Bref. Au Xe siècle des proscrits comme Bérenger II, vaincu par Othon, vinrent chercher asile sur le mont de Saint-Marin. Il existe dans les archives de Saint-Marin un diplôme « actum in plebe sancti Marini », écrit par Bérenger II. Depuis lors l'histoire de Saint-Marin est des plus mouvementées : au XVe siècle les Saint-Marinais, unis aux ducs d'Urbin et de Montefeltre, menèrent une vie guerrière qui leur valut une certaine réputation comme hommes d'armes. Quelques gouvernements italiens en avaient à leur solde et en retour des secours accordés, des traités d'alliance avec la république de Florence, les seigneurs de Forli, le roi de Naples garantissaient leur indépendance. Lorsque Alexandre VI fut monté sur le trône pontifical, César Borgia résolut de conquérir les petits états de la Romagne ; il ne laissa au duc d'Urbin que la forteresse de Saint-Léo. Les Saint-Marinais effrayés offrirent aux Vénitiens de se donner à eux s'ils voulaient les protéger contre le Borgia, mais Venise refusa. César Borgia eut la sagesse de borner ses exigences à l'installation d'un podestat. En 1542, dans la nuit du 4 juin, Fabiano de Monte, neveu du cardinal de ce nom, tenta de s'emparer de Saint-Marin. Un chien par ses hurlements donna l'éveil : les habitants coururent aux remparts et repoussèrent les assaillants. Cette équipée avait été préparée par le pape et quelques nobles familles des Romagnes. Sept ans plus tard une seconde escalade, aussi infructueuse que la première, fut tentée par un seigneur de Verucchio. Ce fut le dernier danger sérieux auquel la petite république fut exposée. Au commencement du XVIIe siècle la dynastie des ducs d'Urbin s'éteignit, et leur héritage fit retour au saint siège. Urbain VIII, alors pontife, reconnut l'indépendance des Saint-Marinais ; il promit même de les protéger, et il leur accorda des privilèges. Désormais enclavée dans les États de l'Église, la petite république resta plus éloignée des bruits du monde et des luttes de l'Europe. Il y a lieu cependant de signaler une violence à charge du légat de Clément XII qui s'empara de Saint-Marin ; mais il fut désavoué, et Clément XII rétablit la république dans son indépendance. Vers la fin du siècle dernier le général Bonaparte se prit d'une belle amitié pour la petite république ; il lui envoya le savant Monge, porteur d'une lettre autographe des plus flatteuses pour les régents et les citoyens de Saint-Marin ; cette lettre est déposée aux archives, nous en parlerons plus loin.

II

LES POSTES DE LA RÉPUBLIQUE. — ARRIVÉE A SAINT-MARIN. — LES INSTITUTIONS DE L'ÉTAT. — LE BUDGET.

Buon giorno! Signora!! Vorrei un posto nella vettura postale della Republica? C'est ainsi que je m'adressai dans une petite salle servant de bureau des diligences sur la grande place de Rimini. La buraliste, une bonne femme entre deux âges, sortit d'un tiroir un registre à souche et libella, tant bien que mal, un billet de passage dans la voiture postale, fixant pour une heure de l'après-midi le départ de l'équipage. A l'heure dite j'étais sur la place ; la voiture était une vieille carriole attelée de trois chevaux efflanqués. Bientôt les six places furent occupées, et fouette cocher, nous roulions hors de ville. Dans une rue étroite une charrette à deux roues chargée de mobilier obstruait le passage. Après s'être mutuellement traités de fils de chiens en idiome local, les deux cochers écartèrent réciproquement leurs bêtes, le nôtre inclina un peu trop à gauche, le timon de la voiture donna en plein contre un mur et se brisa au milieu. C'est alors que les jurons recommencèrent; il fallut descendre, dételer les chevaux, quérir un autre équipage, puis transborder les bagages. Enfin après cet accident de route, les chevaux s'engagent au galop dans la campagne, excités par les vociférations de l'automédon dont le fouet est sans cesse en mouvement. Le cocher italien ne sait pas exciter ses bêtes de la voix, il ne sait que frapper tantôt avec la mèche du fouet, tantôt avec le manche. Deux heures après nous étions à Serravalle, première bourgade de la république, en pleine montagne, en face de la croupe au sommet de laquelle se dessine la ville de Saint-

Marin, le clocher de sa cathédrale, ses tours et ses rochers. L'aspect du pays n'est pas gai, les arbres, si plantureux, si touffus dans la campagne de Rimini, paraissent souffrir du vent, des frimas de l'hiver; les vignobles sont nombreux, mais moins vigoureux que dans les campagnes de l'Émilie. La population en revanche est plus grave, plus propre; point de mendiants, point d'aveugles, de manchots, de gens gratifiés de plaies ou d'infirmités comme on les rencontre en masse dans les villes et campagnes d'Italie et d'Espagne. On devine immédiatement qu'on se trouve en présence de gens aisés, conscients de leur supériorité, de républicains sérieux en un mot. La voiture postale allégée de quelques voyageurs se remet en marche, avec un cheval de renfort, car à mesure qu'on avance on voit aussi la route devenir plus rapide. A la tombée de la nuit, nous arrivons au Borgo, la cité nouvelle, mondaine, bruyante, si différente de Saint-Marin, la ville officielle aux souvenirs et aux traditions. Il n'y a qu'une osteria à Saint-Marin, celle du Borgo, sorte de caravansérail primitif, tenu par la famille Michetti, braves et dignes gens qui ont déjà eu l'honneur de fournir des régents ou capitaines à la république. Derrière l'auberge une terrasse domine le paysage, la vue est déjà splendide. Après avoir déposé mes bagages dans la chambre qui m'était destinée, je fais l'ascension dernière, par un chemin de traverse, et vingt minutes après j'étais dans Saint-Marin, en quelques instants j'avais parcouru toute la ville, examiné le palais du gouvernement, retenu un cicerone pour le lendemain, pris un café dans un établissement de l'endroit, causé avec des dignitaires et relevé la topographie de la cité. Je redescendis à mon osteria, où on m'avait préparé un fort modeste souper arrosé par le vin célèbre du pays, le « san giovese » pétillant et capiteux, fort apprécié dans toute l'Emilie. Après souper, un jeune et aimable citoyen républicain était venu me chercher pour me conduire au club du Borgo, où les jeunes gens viennent prendre un café, parler politique et s'occuper des questions du jour. Ce soir-là on ne parlait que de la France, de la grande république, des merveilles de l'exposition, de la courtoisie des Français. M. Natalucci Fabbri, délégué officiel de la république à l'Exposition universelle, racontait à ses concitoyens ce qu'il avait vu, les honneurs qui lui avaient été décernés. Tout ce monde en avait les larmes aux yeux de joie, d'orgueil, de contentement. On ne parlait que de la belle France, du génie, des qualités des Français et de leur prodigieuse activité. Je restai longtemps au milieu de ce monde que je ne quittai qu'à regret. Il se faisait tard, la petite ville était déjà plongée dans le demi-silence des nuits paisibles ; au coin des rues brûlaient les lampes à pétrole ; d'un premier étage venaient par bouffées les harmonies d'une rapsodie de Liszt. San Marino est tout à fait à la hauteur des temps.

Le soleil se levait majestueux aux confins de l'Adriatique, j'étais déjà sur la plate-forme du nouveau palais du gouvernement dans la ville haute. Le cicerone n'avait pas perdu son temps, il avait prévenu tout le monde ; les portes m'étaient ouvertes, j'allais voir et entendre.

Saint-Marin n'est point un coin perdu de l'Europe, une caricature d'État, un pastiche de république, c'est un pays en miniature parfaitement organisé et administré, et dans lequel fonctionnent régulièrement et sans frottement les institutions suivantes : pouvoir exécutif, soit deux régents ou capitaines, ou encore princes régents, un corps législatif composé de 60 membres dont 20 pris dans les vieilles familles, 20 parmi les artisans, et 20 parmi les paysans. L'état a son budget, ses fonctionnaires et services parfaitement distribués. Il a, pour assurer l'ordre, neuf carabiniers ou gendarmes, commandés par un lieutenant : deux sont constamment à San Marino et sept au Borgo, le tempérament des gens du Borgo étant plus vif. Les régents ont aussi une garde noble, puis une compagnie des milices commandée actuellement par le capitaine Beluzzi, comptant 2 lieutenants, 1 sergent-major, un fourrier, 3 sergents, 16 caporaux, 2 tambours, en tout 62 hommes. Cette *milizia cittadina,* quand elle est appelée, vient s'accoutrer dans une salle sur la place du gouvernement, elle porte un uniforme simple, une capote, une casquette bordée d'un galon avec un petit pompon. La compagnie est armée de fusils Vetterli, comme l'armée italienne. Les Saint-Marinais sont tous astreints au service militaire de 17 à 40 ans; on les instruit au maniement du fusil, puis on les laisse tranquilles, et ils ne sont appelés qu'à tour de rôle. La République a un général de milices, qui est actuellement M. Pietro Tonnini. Telle est la force armée de la République.

L'état appartient à l'union postale et à l'union télégraphique; il a 2 bureaux de poste et trois employés, dont 2 à San Marino et 1 au Borgo. On ne porte pas les lettres à domicile, il faut aller les chercher à la poste. Il y a également deux bureaux du télégraphe et un service de téléphone entre San Marino et le Borgo ; le coût d'une communication téléphonique est de 10 cents. La République a son hôpital, son asile des indigents, sa caisse d'épargne, sa banque populaire et d'escompte, son observatoire, un lycée avec 60 élèves, de nombreux professeurs, un abattoir public, une société de secours mutuels, un corps de musique subventionné par l'état et qui joue le dimanche alternativement au Borgo et à San Marino, ou donne des concerts et des bals dans les deux théâtres de la République, le théâtre Concordia, au Borgo, et le grand théâtre, à San Marino.

San Marino a son palais du gouvernement, son musée, ses archives, ses curiosités historiques, ses salles des conseils, son cadastre et sa cathédrale de marbre. Comme la terre manque là-haut, les morts sont comme dans les anciens âges, déposés dans le sous-sol des églises. Il est d'usage dans les testaments de mentionner l'église dans laquelle on désire être placé après sa mort. La bourgade de Seravalle appartient au diocèse de Rimini, le Borgo et San Marino à celui de Montefeltre. L'état civil n'existe pas à Saint-Marin, ce sont les prêtres qui sont chargés des mariages, et les offices d'état civil du royaume reconnaissent les actes dressés par les prêtres.

Il faut avouer que l'étonnement vous surprend en constatant qu'après avoir cru tomber dans un pays primitif dépourvu de tout, on constate au contraire qu'il n'y manque rien, que les innovations les plus modernes y ont été accueillies, que l'ordre y règne, que tout fonctionne sans bruit, tranquillement, comme à l'intérieur d'une maison bien tenue. Les Saint-Marinais ont besoin de poudre pour aller à la chasse, et pour tirer des salves d'allégresse les jours de fêtes. Vite les voilà hors d'embarras, ils se payent une poudrerie. Quelques questions politiques sociales et autres les occupent, ils fondent un journal qui porte pour titre : *Il Radicale*, et qui paraît quand il peut, de temps en temps. Ils sont libres, indépendants, ils veulent l'affirmer par des signes extérieurs : ils ont leurs monnaies, leurs timbres-poste, leur drapeau argent et azur avec les trois tours. Pour faire face à tous les services, les Saint-Marinais n'ont qu'un impôt direct sur les biens fonciers, immobiliers et sur les successions. Cela suffit amplement ; ils n'ont point d'impôts indirects ni de droits sur les choses nécessaires à l'existence ; mais comme le pays pourrait devenir un nid de contrebandiers, il est défendu de cultiver plus de deux plantes de tabac. Les capucins du monastère ont seuls un petit privilège, ils peuvent planter du tabac et confectionner du tabac à priser, qu'ils vendent aux boutiques. Pour le tabac à fumer, le gouvernement l'achète à Chiravalle des manufactures du gouvernement italien et le revend aux marchands. Sur la place du gouvernement, appliquée dans le mur d'un bâtiment de l'administration, on voit une grande plaque de marbre, dans laquelle sont taillés les poids et mesures du pays, forme et dimension des tuiles et briques pour construction, etc. Il est vrai que tout cela a changé et qu'aujourd'hui le système métrique est adopté dans le pays.

Le budget, contrairement à celui des autres États, comprend les comptes d'État dès le 1er avril au 31 mars de l'année suivante, il est établi par le secrétaire économique et le comptable du gouvernement, vu et approuvé par les deux régents et soumis à la ratification du conseil. Il accuse environ 200 à 240,000 fr. en recettes et autant et même moins en dépenses. Dans les recettes, on voit figurer les produits des capitaux et les dons généreux, puis la part payée par le gouvernement italien pour les douanes, les quelques impôts indirects, timbre, tabacs, sel, poudre, les timbres-poste, la recette du télégraphe, les contributions directes (environ 150,000 fr.).

Les dépenses sont divisées en huit chapitres principaux : 1° Le ministère de la régence : environ 9000 fr. On voit figurer dans ce chapitre le traitement des secrétaires pour l'intérieur : 1600 francs, pour l'extérieur et les finances : 2000 fr. Éclairage public : 400 fr. ; 1000 fr. pour les régents ; 600 fr. de frais de représentation ; 900 fr. pour décorations (pour l'année courante il y a la décoration au prince de Naples, au commandeur Ratazzi et au professeur Capellini) ; puis 138 fr. pour le drapeau et le consulat de Bologne. Le 2e chapitre est celui des finances, les dépenses sont de 38 à 40,000 fr. On y voit figurer le traitement du caissier général : 1200 fr. ; puis les pensions, les frais de fabrication de poudre, l'acquisition de tabacs, fabrication de timbres-poste etc. La justice, au chapitre 3, absorbe 11,000 fr. ; le commissaire de la loi perçoit le plus gros traitement de la République : 3000 fr. L'indemnité à l'ancien commissaire : 1000 fr. ; l'indemnité au gouvernement italien pour les détenus livrés aux bagnes italiens : 3000 fr., les gardiens des châteaux et prisons, frais de justice et chancellerie forment le reste. Le chapitre 4 est celui de la force publique. Inspecteur de police : 1449 fr. ; garde des princes : 525 fr. ; milices pour services extraordinaires : 1900 fr. ; caisse militaire 1350 francs ; gendarmerie environ : 8000 fr. ; enfin, fonds pour la police secrète : 400 fr. L'Edilité et la santé publique figurent au budget pour 16,000 fr. Achat de pétrole : 2000 fr., médecin-chirurgien résidant à la ville : 2800 fr. ; médecin-chirurgien du Borgo : 2800 fr. ; médecin-chirurgien résidant à Seravalle : 2800 fr. ; vétérinaire : 800 fr. ; etc. Il résulte donc des chiffres et de leur signification, que les habitants de la République n'ont aucune note de médecin à payer ; c'est l'État qui se charge de tout. De même pour le bétail malade.

Au chapitre 6, c'est l'instruction publique qui tient la palme, la petite république consacre la vingtième partie de son budget à la sécurité publique, force armée, gendarmerie, etc. et la dixième partie à l'instruction publique. Elle a des écoles primaires pour garçons et filles, un lycée, à l'uniforme coquet et sévère en même temps. Elle a des professeurs de littérature, de philosophie, de physique, de mathématiques, des instituteurs, des institutrices, des écoles pour travaux manuels féminins. Le chapitre contient, un chiffre de 1400 fr. pour l'instruction musicale et divertissements de théâtre, 500 francs comme subvention pour 18 concerts militaires, un maître de chapelle au traitement de 600 fr. et un professeur de musique 1400 fr. Le professeur de littérature perçoit 2000 fr., les autres de 1900 à 1100; les instituteurs et institutrices ont un traitement de 900 à 300 fr. Le budget consacre un chapitre spécial à la bienfaisance. On y lit 5000 fr. à la commission de bienfaisance; 100 fr. pour l'acquisition d'un pied de bois à Biordi Gætano; 58 fr. subvention aux capucins; 125 fr. à Luigi Perazzini, pour l'acquisition d'une jambe de bois; 35 fr. au fossoyeur pour son loyer; 6000 fr. à l'asile des aliénés de Pesaro, pour entretien des malades de San Marino. Le chapitre des cultes est le moins important, il ne contient que de petites sommes pour fêtes de saint Vincent, saint Quirin, de sainte Agate, saint Philippe, messes, prédicateur de l'avent, fr. 26.60.

Les travaux publics, entretien du personnel, traitement aux inspecteurs, gardiens des horloges, du jardin de Garibaldi, de la fontaine, en tout: environ 8000 fr. L'industrie et le commerce, service postal, télégraphique, bibliothèque, subsides à des étudiants: en tout 32,000 fr. Chaque élève est spécialement mentionné pour la somme qu'il coûte à l'État. Ainsi on lit, Franciosi Pietro, pour sa quatrième année de belles-lettres, 500 fr. ; Beluzzi Rosolino, seconde année de pharmacie : 500 fr. Il y a une liste d'une vingtaine d'élèves au bénéfice de bourses. Enfin on voit figurer, aux dépenses diverses, le déblaiement des neiges: 3000 fr. ; correction de la route de Serravalle : 15,000 fr. ; lanternes aux diligences : 50 fr. ; puis diverses sommes pour aqueducs, fontaines ; enfin la somme affectée annuellement à la construction du nouveau palais, fort bel édifice élevé sur la place du gouvernement et qui est une réduction en miniature de la célèbre signoria de Florence.

En jetant les yeux sur le budget de la république de Saint-Marin, on devine immédiatement qu'on se trouve en présence de gens qui sont restés fidèles à des habitudes d'ordre et d'économie. On a pu s'égayer de ce petit État, railler ses gouvernants, les accuser d'exploiter l'originalité de leur situation, de battre monnaie, de tirer parti de l'histoire, des institutions, de vendre des décorations, en un mot on a abominablement calomnié un honnête petit peuple, qui occupe sa petite place sur la carte du globe, sans faire trop de bruit, qui ne demande qu'une chose, de vivre en paix avec tout le monde, qui a la prétention de se tirer d'affaires tout seul, sans armée, sans dette, sans diplomatie. On ne voit là-haut ni mendiant, ni infirme, la population est gaie, enjouée, courtoise; on devine immédiatement la puissante influence de la liberté, de l'indépendance séculaire de cette petite communauté.

Comme la république compte aujourd'hui environ 9000 habitants, on peut faire le calcul. Chaque habitant paie 25 fr. par an, et pour ses cinq écus il a la paix, l'ordre, la sécurité, les avantages des institutions modernes d'autres États; il est soigné gratuitement s'il est malade, il est accueilli dans un asile s'il est devenu infirme, l'état poussera la sollicitude jusqu'à lui fournir une jambe ou un bras de bois, s'il subit l'amputation d'un de ces membres.

A 7 heures du matin, le cicérone retenu la veille, m'attendait sur la plate-forme de la place du gouvernement; elle domine un paysage splendide qui s'étend au loin, doré par les rayons du soleil du matin. Nous traversons la petite ville; on se lève, on ouvre les fenêtres. Dans un café, ou plutôt dans une petite boutique, nous prenons un café au lait de brebis et un petit verre, le tout coûte quinze centimes.

La ville adossée à la colline compte un grand nombre de petites rues bien pavées de grandes dalles, avec égoûts et conduites souterraines pour les pluies, les maisons sont à un ou deux étages, proprettes, construites en pierre taillée et même en marbre pris aux carrières qui donnent le célèbre marbre de San Marino, connu sous le nom de « Marmo San Marino ». Nous escaladons les derniers escaliers et nous nous trouvons sur un plateau couvert de rochers, de plantes des montagnes, armoises, bruyères, cyclamens, églantiers, touffes d'absinthe. En face de nous un vieux château aux murailles épaisses, flanqué de tours dont l'une porte la fameuse plume de fer qui figure aux armes de Saint-Marin. C'est la citadelle, la Rocca antique, édifice de solide construction, qui témoigne de la patience des citoyens qui, depuis des siècles, ont su défendre leur montagne contre les entreprises du dehors. Un coup à la porte, et le custode vient nous ouvrir. On entre dans une cour, sorte de jardin, à droite une chapelle où quatre fois l'an, un prêtre vient dire une messe solennelle pour les prisonniers, car la Rocca sert aujourd'hui de prison d'État. Des galeries du château la vue est admirable, elle défie toute description, elle s'étend en panorama à cent kilomètres à la ronde : la Lombardie, la Toscane, l'Ombrie, d'immenses chaînons des montagnes de l'Apennin, des vallées, des lacs, des gorges, des pics, forment un vaste paysage riant ou tourmenté, majestueux ou sauvage, et au loin la grande nappe de l'Adriatique avec ses ports, ses voiles, ses sillons. Le gardien de la citadelle, chose rare, est un admirateur du paysage, il se plaît là-haut, au-dessus de la société humaine ; il a pour compagnie sa famille et quelques pauvres diables de prisonniers pour lesquels il reçoit 0.50 c. par tête et par jour. Pour ces 50 centimes, les prisonniers ont le droit de demander tout ce qu'ils veulent. Et le brave homme nous ouvre les cellules, celles qui sont vides bien entendu. Il en est d'antiques avec lit en pierre taillée. Il y a dans le plafond de pierre un grand trou par lequel on jetait les prisonniers dans le réduit. Il y a peut-être bien eu autrefois la question, mais c'est dans un si lointain passé qu'on ne saurait en parler d'une manière sûre. Du reste la peine de mort n'a jamais été appliquée, les capitaines régents et le conseil n'ont jamais voulu endosser la responsabilité du sang versé. Le secrétaire de l'intérieur m'a dit cependant qu'on avait pendu une fois un traître qui avait commis un crime de haute trahison, mais il y a des siècles, et le fait n'est pas certain. Pour le moment il y a quatre prisonniers à la Rocca. L'un est un carabinier ou gendarme, jeune homme de 23 ans, qui a tué un de ses collègues d'un coup de fusil ; il vient d'être condamné à 12 ans de réclusion ; sous peu il sera livré au gouvernement italien, il fera sa peine au bagne d'Ancône. Le malheureux est détenu dans une cellule de la tour ; pendant que nous parlions, il s'était accroché aux barreaux de la fenêtre et il nous regardait fixement de ses grands yeux noirs, sans sourciller, comme un de ces oiseaux sauvages acculés dans un coin de cage. Ce regard faisait peur. Et les autres prisonniers, dis-je au custode ! ce sont sans doute des voleurs ou des brigands de grand chemin ? Le gardien me regarda de l'air d'un homme auquel on demanderait s'il y a des chemins de fer dans la lune ! ! Nous n'avons pas de voleurs dans le pays ! me dit-il. Il y a cinq ans que je suis gardien des prisons et je n'en ai jamais eu un seul. Mon prédécesseur qui a été révoqué pour avoir laissé échapper un prisonnier, m'a dit qu'il y a sept ans, un voleur fut détenu dans une des cellules, c'était un malheureux qui avait volé une montre à la foire du Borgo. Il a été condamné à 3 ans de prison.

Il n'était pas du pays. Le gardien nous conduisit à la tour où se trouve la grande cloche qu'on sonne dans les occasions solennelles. Je n'ai pu y découvrir de millésime, elle doit être fort ancienne, deux hommes la mettent en branle, on l'entend dans tout le territoire de la république. Nous redescendîmes dans la cour, éclairée par un bon soleil ; dans un coin de mur je vis deux obusiers de bronze aux bouches bleuies par des détonations récentes. Qu'est-ce que cela ? demandai-je. Le gardien répondit : C'est un cadeau du roi Victor-Emmanuel. Comme Napoléon il voulait nous donner une batterie d'artillerie, mais les régents ont refusé. Et il ajouta : Qu'en aurions-nous fait, nous sommes une petite famille, nous vivons unis, en paix avec tout le monde, qu'aurions-nous fait de canons ? Victor-Emmanuel a voulu nous faire cadeau de ces deux obusiers, ils servent à tirer des salves joyeuses pendant les fêtes de San Marino, de Sainte-Agathe et lors de la prise du pouvoir par les nouveaux régents. Hier justement nous avons tiré, et je vais les nettoyer. Et le brave homme regardait ces engins de destruction comme des objets d'un intérieur domestique, comme une machine à coudre, une poêle à frire.

. . . .

Nous quittâmes la Rocca; la lourde porte se ferma avec un bruit sourd derrière nous, et nous descendîmes sur la place du palais du gouvernement. En attendant que le nouveau palais soit achevé, ce qui ne sera que dans quelques années, les administrations, archives, salle du conseil sont disséminées dans plusieurs édifices. Dans l'un se trouvent les tribunaux, la salle de réception, les garderobes des régents. Les salles de gala et de réception sont fort simples, meublées en partie d'objets donnés, décorées de tableaux, dons gracieux de hauts personnages. Je vis les tableaux peints de Napoléon III et de l'impératrice Eugénie, en grandeur naturelle. C'est un cadeau. Napoléon III botté à l'écuyère, crocs cirés, a l'air d'un directeur de cirque, l'impératrice est perdue dans une gigantesque crinoline. C'est grotesque. Et comme je faisais observer que Napoléon avait été un César et que Saint-Marin est une république, mon cicérone me fit observer que Napoléon III n'avait jamais fait de mal à la république et que le reste regardait les Français. Point sots ces bonnes gens. Aux murailles beaucoup de grandes photographies, des présidents américains avec quelque mention autographe, quelques meubles dorés, dons d'illustres étrangers. Un gardien vint ouvrir deux armoires dans lesquelles se trouvent les costumes des régents, qu'ils endossent le jour de leur investiture; ils étaient encore chauds, car c'est la veille que la fête avait eu lieu. Le costume consiste en une tunique en satin noir, culottes de velours noir, bas de soie, souliers à boucles. Un grand man-

teau de velours noir droit couvre le tout; sur le chef les capitaines portent une toque de velours noir avec bordure d'hermine, à la ceinture, l'épée à poignée d'or, et au cou, le grand cordon de l'ordre de Saint-Marin, au ruban argent et azur et à l'étoile d'émail sur laquelle est peinte la tête de San Marino. C'était justement la veille qu'avait eu lieu l'événement qui deux fois l'an met la population de la république en liesse. Les deux régents, et ce sont, pour les six mois, M. Maria Nicollini (clérical) et M. Domenico Faltore (libéral), les deux régents, dis-je, ont été conduits en grande pompe à la cathédrale, escortés par la garde noble, la compagnie des milices, les membres du conseil et les citoyens. Il y a eu messe, puis concert populaire, réjouissances publiques, petite illumination gâtée par la pluie, bal au théâtre de San Marino et joie générale. Cette même fête a lieu tous les six mois à l'occasion de l'investiture des deux nouveaux régents, remplaçant ceux qui sortent de charge et qui ne seront plus rééligibles pendant trois ans.

Des salles de gala et réception nous descendîmes à celles du conseil, qui se trouvent dans une maison du bas de la ville. La salle où se réunissent les 60 conseillers est en même temps un musée des Beaux-Arts. Toute une partie du mur et les panneaux sont occupés par de fort belles peintures, de l'ordre religieux, comme un peu partout en Italie, et plusieurs des toiles sont des meilleurs et premiers maîtres italiens. Autour de la salle se trouvent cinquante-huit chaises capitonnées, recouvertes de gros velours mousse un peu défraîchi. La salle n'a qu'une seule et unique fenêtre qui s'ouvre sur les montagnes du nord ; le lit de la Marecchia est en dessous, et au loin s'étendent les campagnes de Forli, Faenza et Cesena. Aucun pupitre, aucune table ; rien de ce qui fait supposer des notes, des corrections, des discussions de chiffres ou autres. C'est une salle de conseil à l'antique : point de paperasserie, rien de ce qui rappelle les débats parlementaires modernes, avec dossiers et imprimés. Il paraît qu'on ne perd pas son temps dans ce pays de la simplicité. Au milieu d'un des côtés de la salle s'élève un dais en soie rouge, au-dessous une table et deux riches fauteuils garnis de soie rouge. C'est là que viennent s'asseoir les régents qui président aux débats législatifs. Deux urnes sont placées sur la table, elles servent surtout pour l'élection des régents.

Tout est simple et en même temps convenable dans ce bon petit pays, qui a eu ses admirateurs et ses bienfaiteurs. Ainsi sur la plate-forme près du palais du gouvernement, on remarque un monument assez bizarre. Est-ce une statue ? Est-ce une fontaine, ou une allégorie ? C'est tout en même temps. Sur un grand socle de marbre gris on voit une statue représentant la liberté, elle porte le jupon court, le casque en tête ; dans la sénestre elle tient un drapeau plié dont la hampe repose sur le sol, la dextre est inclinée en avant. On lit sur une des faces que le monument est un don de Mme Hellroth Wagner. Sur une autre on voit un bas-relief représentant le profil de Mme Hellroth Wagner. Mon cicerone disait, une dame anglaise ou américaine, le nom néanmoins est du plus pur allemand. Pour mettre fin à toute contestation ou discussion, le cicérone ajouta que pour remercier la généreuse dame, on l'avait bardée duchesse d'Acquaviva, nom d'un monticule appartenant à la république, ingénieuse idée, puisque grâce aux libéralités de Mme Hellroth, la ville allait avoir sa fontaine d'eau vive. Je pris toutes ces notes sur mon calepin, bien décidé à en vérifier l'exactitude, car j'avais vague souvenance d'une entreprise tentée autrefois sur je ne sais quelle base, mais qui l'était par actions. Peu de temps après, je dînais en nombreuse compagnie au restaurant Coradetti à Rome et nous parlâmes de Saint-Marin, de la statue et de la duchesse d'Acquaviva. Ce fut un éclat de rire. La duchesse anoblie par la petite république a été gouvernante; elle a hérité de son mari, un financier berlinois, une fort belle fortune, elle s'est remariée en secondes noces avec un lieutenant italien qui s'est fait tuer en duel pour elle, bien que son épouse fût de vingt ans plus âgée que lui. Actuellement cette bonne dame habite une magnifique villa près de la Porta Pia, elle est devenue sérieusement religieuse, mais elle vient quand même de temps à autre dîner dans le modeste restaurant où nous nous trouvions. J'appelai le garçon. — La duchesse est-elle venue ces jours? lui demandai-je. — Mais oui, elle a dîné dans cette petite chambre l'autre soir. Bien modestement, allez!

La Rocca. Citadelle de Saint-Marin.

III

LES ARCHIVES DE SAINT-MARINO. — AUTOGRAPHES D'HOMMES CÉLÈBRES. — SOUVENIRS HISTORIQUES. — PASSAGE DE GARIBALDI, RACONTÉ PAR UN VIEILLARD.

Le secrétaire de l'intérieur, un homme âgé d'une soixantaine d'années, connaissant bien son pays et l'histoire, m'a fait les honneurs des archives de San Marino ; elles sont disposées dans une série de petites salles proprettes, placées à leur suite chronologique dans un ordre exemplaire. On pourrait reprendre l'histoire de la petite république à travers les siècles jusqu'aux temps les plus reculés. Les volumes et dossiers sont simplement et sommairement brochés, munis de larges étiquettes blanches sur lesquelles se détachent symétriquement les annotations successives. Au milieu des salles, des tables vitrées contiennent les autographes de potentats, hommes célèbres, personnalités en vue. On m'a montré des lettres du roi de Roumanie et de M. de Bismarck, de M. Carnot et du roi Victor-Emmanuel, de papes, cardinaux, de grands hommes disparus et de personnages qui sont encore de ce monde. Rossini déclare dans une lettre pittoresque : qu'il sera toujours fier de se dire citoyen de la république ; une longue épître en parfaite calligraphie du temps, signée par César Borgia, demande aux régents d'alors l'installation d'un podestat, nommé par lui ; cela se passait donc au quinzième siècle. Au milieu de toutes ces pièces historiques, est étalée une lettre du général Bonaparte. Elle est rédigée dans le style un peu ampoulé de l'époque. En tête on voit l'allégorie de la liberté, de l'égalité et de la fraternité; elle porte en titre : Le général en chef de l'armée d'Italie. L'épître est des plus affectueuses ; Bonaparte est pris d'une sympathie évidente pour la république de Saint-Marin, il l'assure de son inviolable amitié, il veut faire quelque chose pour elle, il lui offre un agrandissement territorial, une batterie d'artillerie et mille quintaux de blé. Le gouvernement de Saint-Marin, d'accord en ceci avec la manière de voir des habitants, refusa les offres du général en chef de l'armée d'Italie, il ne voulut ni agrandissement de territoire, ni canons, mais il accepta les mille quintaux de blé. Le secrétaire de l'intérieur se hâta de me faire observer que les Saint-Marinais n'avaient jamais reçu le blé. Sans doute, d'autres préoccupations de Bonaparte lui firent oublier son offre, peut-être en voulut-il aux braves gens qui, par sagesse et modération avaient refusé les cadeaux du futur empereur. C'était du reste si peu dans l'esprit du temps !! Les régents avaient répondu : Que ferions-nous de ces canons. Nous ne pourrions exercer nos jeunes soldats au maniement de pièces à longue portée, sans craindre de violer le territoire de nos voisins. En effet du haut du mont Titan on peut tirer de tous les côtés avec une pièce à portée ordinaire et envoyer le projectile hors de la frontière. C'est par erreur que divers historiens prétendent qu'une plaque de marbre apposée dans le mur du palais du gouvernement rappelle cet événement. La lettre du général en chef de l'armée d'Italie reste seule comme témoignage incontestable de son authenticité.

On peut voir encore une quantité de souvenirs très curieux, se rapportant à l'histoire de la république, vieilles armes, cottes de mailles, une série de coins ayant appartenu à une bande de fabricants de fausse monnaie établis dans le pays, des monnaies, des sceaux et autres objets. Une vitrine est consacrée au passage de Garibaldi à San Marino; elle contient un gobelet d'argent ayant appartenu à Hugo Bassi, l'aumônier de Garibaldi sous la république romaine : ce gobelet contenait l'huile sainte, puis les timbres de l'armée de la république romaine, laissés par Garibaldi, sa cuiller et fourchette de campagne et quelques autres menus objets. Une lettre que je copie textuellement a un caractère absolument historique, la voici :

San Marino 31 Luglio 1849.

Republica Romana. Commando della prima legione italiana.
Cittadini Rappresantanti della Republica.
Le condizioni impostivi da llli austriaci sono inaccetlabili e percio sgombreremo il territorio vostro.

G. Garibaldi.

« Citoyens représentants de la république. Les conditions qui nous sont imposées par les Autrichiens sont inacceptables, dès lors nous évacuerons votre territoire. »

Le cicérone qui m'accompagnait ajouta que c'était dans la « maison paternelle » que le héros d'Italie avait séjourné en 1849. Il était alors un jeune garçon de 13 ans et il se souvenait de tout, son père bien que malade avait gardé souvenance parfaite de l'événement, et je ne pouvais mieux faire que de m'adresser à lui.

Je remerciai vivement l'obligeant secrétaire de l'intérieur et, conduit par le cicérone, je me dirigeai vers « la maison paternelle. » Tout près de là, dans un petit jardin, on a élevé au général un modeste monument; c'est un buste en marbre blanc placé sur un socle. En face, une maisonnette de très simple apparence, dans le mur est enchâssée une pierre qui rappelle la présence en cette maison du général G. Garibaldi le 31 juillet 1849.

Dans le bas une salle de cabaret avec quelques tables. La sœur du cicérone nous reçoit; elle nous fait monter au premier étage, nous traversons quelques salles et nous entrons dans une chambre ensoleillée. Là dans un grand lit était endormi un vieillard de 83 ans; on le réveille, je veux m'excuser, mais il se défend et, tout heureux d'une visite, il se frotte les yeux et s'empresse de me satisfaire.

Je transcris aussi exactement que possible son intéressant récit:

« Il y a quarante ans que ces événements se sont passés, mais ils restent gravés dans ma mémoire, comme s'ils dataient d'hier. Nous suivions avec un intérêt passionné tout ce qui se passait en Italie, nous avions appris que Garibaldi avait quitté Rome marchant vers le Nord, cherchant à soulever le pays contre les Autrichiens et les partisans de leur gouvernement. Malheureusement à cette époque, on était bien ignorant, et les autorités de certaines contrées n'avaient pas de peine à soulever les paysans contre le général; on le faisait passer pour le diable et en divers endroits les gens des campagnes s'étaient armés de faux et de fourches. Nous apprîmes vers la fin de juillet que Garibaldi venant des frontières de Toscane s'acheminait avec 3000 des siens vers l'Adriatique. D'autre part tout était en fièvre à Rimini, la ville regorgeait de soldats autrichiens venus de Bologne et appartenant au corps de l'archiduc Ernest; ils étaient commandés par le général. Gorzkofski. Les maladies, les désertions décimaient la petite armée du général, le découragement était partout, lui seul avait encore confiance en l'avenir. Le 30 juillet nous vîmes arriver Hugo Bassi, l'aumônier de l'armée italienne; il venait solliciter des régents l'autorisation pour l'armée garibaldienne de se reposer sur le territoire de Saint-Marin afin d'essayer de là une trouée vers la mer. Les régents d'alors s'y refusèrent formellement; le docteur Belzoppi faisait observer à Hugo Bassi que la petite république était un pays neutre, qu'elle ne pouvait sans danger braver la colère des Autrichiens. Les régents consentirent seulement à donner des provisions aux volontaires. Le père Hugo Bassi retourna au quartier général de Garibaldi qui était à San Angelo. Le lendemain Garibaldi lui-même entrait à Saint-Marin, la première légion italienne le suivait et campa sur la montagne autour de la ville. C'étaient pour la plupart des jeunes gens, presque des enfants, le rôle de héros semblait leur peser, beaucoup avaient brisé leurs armes depuis les derniers combats, ils ne demandaient qu'à vivre et à pouvoir rentrer chez eux. Garibaldi et dix-huit de ses officiers entrèrent dans la ville et vinrent dans ma maison ; j'avais alors 43 ans et j'étais père de plusieurs enfants. Toutes les chambres furent occupées par le général et son état-major. Il y avait Hugo Bassi, Cicerovacchio et ses deux fils, le capitaine Livraghi et un grand nombre d'autres officiers dont j'ai oublié les noms. Garibaldi m'appela, il m'annonça que sa femme Annita était au couvent des capucins, enceinte de six mois, dévorée par une fièvre violente et qu'il serait nécessaire de lui envoyer le médecin de la ville. J'envoyai ma fille, une enfant alors, celle qui vous a introduit près de moi, elle courut au couvent des capucins et ramena Annita. Nous préparâmes pour Garibaldi et sa femme la grande chambre que vous venez de voir. Le médecin, qui vint dans la journée, déclara que la malade était dans un état très grave et qu'il était impossible qu'elle pût continuer la campagne. De Rome jusqu'ici elle avait constamment accompagné son mari à cheval à ses côtés; montée sur un petit cheval romain très ardent, elle avait assisté à tous les combats, encourageant les volontaires, soignant les blessés après le combat. Pendant ce temps des négociations avec le général autrichien avaient été ouvertes, Garibaldi avait demandé libre passage pour lui et les siens, le général Gorzkofski ayant entouré le territoire de la république par un cordon de 8 à 10000 hommes. Il promettait vie sauve aux légionnaires et leur rapatriement ; quant à Garibaldi, il serait conduit à Trieste, embarqué pour l'Amérique sur un navire autrichien. Garibaldi et ses officiers se réunirent et prirent connaissance des conditions, qui furent repoussées à l'unanimité. Il fut décidé que les volontaires se débanderaient et que dans la nuit même Garibaldi et ses officiers quitteraient le territoire de Saint-Marin. Un homme de cœur vint s'offrir pour conduire le général par des chemins à lui seul connus. C'était Nicola Zanni. Il vit encore, mais il est infirme; le gouvernement italien lui a accordé une pension. Vers minuit tous les officiers étaient debout, Annita s'était levée, aucune observation, aucune sollicitation ne put ébranler sa résolution. Nous lui promettions de la cacher si bien, qu'aucune armée autrichienne n'aurait su la découvrir. A tout et à tous elle répondait : je serai avec Beppino. Pendant trois quarts d'heure, Garibaldi et ses officiers étudièrent la carte du pays, puis tous descendirent hors de ville le long de la montagne. Quelques centaines de volontaires dormaient, la tête appuyée sur une pierre ; la nuit était magnifique, la lune éclairait l'immense paysage, on attendit qu'elle fût couchée. A 1 heure du matin, Garibaldi et ses officiers, Annita à cheval, suivis par 200 légionnaires résolus, quittèrent la montagne. On se sépara dans la campagne, Garibaldi et Annita, le père Hugo Bassi, Cicerovacchio et ses deux fils et le capitaine Livraghi prirent la gauche conduits par Nicola Zanni ; ils descendirent dans les gorges de la Marecchia qui était presque à sec ; bientôt ils franchissaient la lisière des grandes forêts de pins et de chênes qu'on rencontre entre Ravenne et Rimini. Au matin la petite troupe atteignait le petit port de Cesenatico, où des pêcheurs les attendaient. »

« La troupe des volontaires avec quelques officiers, conduite par deux citoyens de Saint Marin qui sont morts aujourd'hui, s'était perdue dans la campagne et débandée ; aussi la plupart des volontaires furent-ils capturés, emmenés à

Pola, emprisonnés ou incorporés dans des régiments autrichiens. Parmi les officiers prisonniers se trouvait le colonel anglais Forbes qui fut détenu longtemps à Pola, fut ensuite amené à la frontière du Tessin et mis en liberté. La nouvelle de la fuite du général et de ses officiers parvint à Rimini vers 4 heures du matin. Le général Gorzofski, qui avait promis à l'archiduc Ernest de lui livrer Garibaldi, entra dans une colère terrible ; il accusa les Saint-Marinais de duplicité, il prétendit que ce n'était qu'un stratagème pour cacher les fugitifs et il donna ordre à ses troupes de pénétrer sur le territoire de la république, d'entrer à Saint-Marin et de fouiller les maisons. Et en effet, le 1er août 1849, une grande colonne autrichienne, venant de Serravalle, vint à San-Marino, elle entra par la porte du Nord tambours en tête et ressortit par la porte de l'Est. Il y eut des visites, des recherches, qui furent inutiles. C'est alors que des ordres furent lancés partout. Il était d'autant plus facile de reconnaître les fuyards que la grossesse d'Annita était connue. »

On sait ce qui s'est passé. Dans la nuit du 1er au 2 août, Garibaldi, Annita et ses quatre compagnons arrivaient au port de Cesenatico, des barques attendaient les fuyards, elles quittèrent la plage; vers le matin on voyait au loin à l'horizon une traînée blanche. Venise ! Venise !! criaient les malheureux. Bientôt un navire fut signalé à l'horizon ; c'était l'*Oreste* de la marine autrichienne. Cinq barques seulement atteignirent la plage de Mesola, elles portaient : Garibaldi et Annita, Hugo Bassi, Cicerovacchio et ses deux fils, puis quelques légionnaires. Les huit autres barques furent capturées par les Autrichiens et ceux qu'elles portaient furent conduits à Pola.

Après avoir touché terre à Mesola, Garibaldi comprit que le salut était dans la fuite isolée. Les fugitifs s'embrassèrent en se promettant de se revoir dans des jours meilleurs. Il fallait se disperser, fuir au plus vite. On s'embrassa et on se sépara. Annita brisée par les fatigues et les émotions avait à tout instant des défaillances ; elle aimait avec passion l'homme en qui s'incarnait l'idée italienne. La créole brésilienne savait que son mari capturé, c'était une exécution sommaire, et cette idée la faisait revivre. Pendant trois jours les deux malheureux errèrent dans les campagnes; Garibaldi la portait, l'aidait, mais le troisième jour elle perdit connaissance. Un détachement autrichien approchait, il fallut abandonner une chaumière où les fuyards s'étaient arrêtés. Il fallut fuir de nouveau, heureusement une voiture passait, on y déposa l'agonisante et l'équipage roula. Au moment où il arrivait à quelque distance d'une propriété du marquis Giuccioli, l'héroïque femme expirait. Garibaldi poussa un cri, il se pencha sur le visage de sa compagne, elle venait d'exhaler le dernier soupir. L'homme de fer s'arrêta, brisé, il se serait tué, il pleura !

Cicerovacchio, ses fils et quatre autres de leurs compagnons furent fusillés sans autre forme de procès. Hugo Bassi et le capitaine Livraghi furent ramenés à Rimini et de Rimini à Bologne; ils eurent l'honneur d'un conseil de guerre et ils furent fusillés. A l'endroit où l'exécution a eu lieu, la ville de Bologne a élevé une statue au Père Hugo Bassi. Il est là coulé en bronze, debout sur un grand bloc de granit; mais les années se sont écoulées, les générations se suivent, les préoccupations de la vie s'imposent et c'est presque indifférente que l'Italie du jour passe devant ces souvenirs d'un lointain passé, devant ces morts héroïques. »

Le vieillard qui m'avait raconté la première partie de ce récit, s'était animé dans la narration, il s'oubliait, il rajeunissait de quarante ans; tous les événements de jadis semblaient passer devant ses yeux, comme une vision d'alors. Pendant longtemps il avait conservé un chapelet que lui avait laissé Hugo Bassi, puis il l'avait vendu en un jour de gêne. Je lui serrai la main et le quittai. Il aurait volontiers parlé longtemps encore de ces temps agités, auxquels a succédé l'ère nouvelle, celle où la sagesse a son heure, où la raison devait succéder aux folies héroïques. Se battre, mourir pour une cause est beau ; mais souffrir, lutter, en imposer par la patience et la résignation est autrement méritoire. L'Italie est faite, l'unité italienne a coûté bien du sang, bien des larmes, mais c'est justement la période difficile qui s'ouvre, celle de la méditation, de l'étude, du travail, de la patience.

Au loin le soleil descendait à l'horizon, contre le ciel se détachait le grand profil du mont Titan avec ses trois tours, puis la ligne dentelée de la cité accrochée aux rochers. En ce moment San Marino me parut comme une île au milieu des mers, comme une oasis politique où viennent s'arrêter et se reposer les voyageurs assez heureux et avisés pour se confier un moment aux braves gens de là-haut.

IV

ROME EN COULEURS. — EN ENTRANT DANS LA VILLE ÉTERNELLE. SAINT-PIERRE. — LE VATICAN, LES RUINES, LE PRISONNIER. — LÉON XIII. — LES SCAGNOZZI. POLLASTRONE.

Le voyageur qui entre à Rome par une des lignes du chemins de fer de Florence, de Livourne ou de Naples, traverse les solitudes de la campagne de Rome, le célèbre Agro Romano, avec ses vastes horizons, ses troupeaux de bœufs ou de chevaux à moitié sauvages. Ici et là une ruine, un aqueduc, quelque vieille tour, puis les jardins de la banlieue de la capitale. Enfin le train approche, voici les grands murs, quelques tours. C'est la ville éternelle, dont personne n'approche sans ressentir une puissante impression. Les pensées se pressent en masse, on se sent dominé par la grandeur, le caractère imposant de ces restes d'un autre âge, l'imagination se reporte à des siècles en arrière, à l'époque de gloire de l'antique Rome, puis à sa décadence, aux invasions, aux ruines, aux désastres. De la grandeur, l'imagination passe à la décadence. Le Tibre qui coule lentement ses eaux jaunes que les Romains disent blondes, le vieux Teverus roule là depuis des milliers d'années son tribut d'eau ; les chevaux des barbares s'y sont abreuvés, il a vu sur ses rives les armées battues et triomphantes, il a traversé Rome païenne et chrétienne : aujourd'hui il coule à travers la Rome italienne. Le train s'arrête brusquement dans la gare de Rome : adieu souvenirs, adieu rêveries ! Ce qu'on avait rêvé s'est éclipsé ; l'œil s'arrête sur d'immenses maisons modernes, les omnibus et les tramways circulent en tous sens, l'image de Rome antique a disparu. Qu'on ne se laisse point aller au découragement ! Peu à peu la cité éternelle reprendra

ses droits, elle offrira à tous des trésors qu'il
faut chercher un peu. L'archéologue, le savant,
le penseur, l'artiste rencontreront sous leurs pas
ce qu'ils pensaient trouver, et si la Rome nouvelle envahit lentement, s'impose et domine, la
Rome antique n'en est pas moins un peu partout.
Cette cité du passé, d'un passé presque merveilleux, contient encore tant de magnificences, qu'il
faudrait s'y installer et voir à petites journées,
méthodiquement, sans se hâter. Mais le voyageur est un être divers ; ce qui intéresse l'un,
laisse l'autre indifférent ; l'un courra au Colysée,
l'autre à Saint-Pierre ; l'un aux musées, l'autre
aux églises. En entrant à Rome, on est frappé
par le caractère moderne des édifices ; c'est que
depuis que la ville est capitale, il s'y est jeté
quelque chose comme 150,000 nouveaux venus ;
il a fallu tailler la pierre et construire, les
maisons ont surgi du sol comme des cham-
pignons, formant des rues, des artères, des
quartiers nouveaux. On s'est imaginé que
Rome allait devenir un Paris en réduction.
On s'est trompé, comme on se trompa à Ber-
lin en 1872, et le krach de la bâtisse a succédé. Aujourd'hui des rues entières sont in-
habitées, des spéculateurs se sont ruinés, des
familles riches autrefois et qui roulaient carrosse

sont réduites à la misère. On descend vers le Tibre, on entre dans la vraie ville de Rome, au Corso, dans le fouillis des rues étroites, humides, on voit des palais avec de hautes portes, de vieilles façades avec d'immenses écussons taillés dans le marbre ou peints sur un vaste cartouche. Voici les armes de la ville de Rome champ d'or et de gueules avec les lettres S. P. Q. R. *Senatus, Populusque, Romanus*. Le Français né malin lit : « si peu que rien », le contribuable grincheux lit en italien: « si piglia quanto rimane » (on prend ce qui reste). Le Corso a naturellement l'honneur de la première visite : c'est une longue rue animée, étroite qui s'étend de la place de Venise à la place du Peuple; les magasins sont variés. On verra à droite un gigantesque magasin qui est monté à l'instar des grands magasins du Louvre, du Bon Marché, du Printemps, mais qui, à ce qu'on m'assure, n'a pas de choix et met tout en montre. Cette entreprise du reste ne paraît pas être encouragée, l'Italien est défiant, calculateur, dans les affaires il n'est pas animé de cet esprit large qu'on reconnaît au commerce et à l'industrie française. On me disait : Nous aimerions bien favoriser l'industrie nationale, mais les marchandises ne ressemblent pas toujours aux échantillons, et il faudra beaucoup de temps pour vaincre la défiance. Rome a ses places, ses monuments, ses palais, par-ci, par-là quelque obélisque, quelque colonne antique ; mais presque toujours on aperçoit juché au sommet un saint qui dépare ce reste d'art antique. C'est comme si la catholicité avait voulu affirmer partout sa victoire sur le paganisme. Victoire éphémère, car pour n'avoir voulu faire que peu de chose, pour n'avoir cédé qu'à regret à l'impétuosité du présent, la catholicité est tombée à son tour, et d'immenses globes électriques jettent des rayons intenses sur ces bons saints, sur les colonnes brisées, sur les chapiteaux écornés, sur les inscriptions effacées et les bas-reliefs usés. On traverse le Tibre généralement sur le pont Saint-Ange. Partout encore la catholicité avec son bagage réduit de saints et de saintes, taillés dans le marbre. Le vieux château d'où chaque jour à midi part le coup de canon du méridien italien est une caserne ; il communiquait autrefois avec le Vatican, aujourd'hui le palais des papes est complètement isolé. On traverse le Borgo, on voit au loin, comme un grand décor de théâtre, la basilique de Saint-Pierre et à droite les gigantesques palais du Vatican. Elle est majestueuse, cette vaste place avec ses colonnades, ses fontaines d'eau jaillissante. Montez l'escalier qui conduit à la cathédrale de la catholicité. L'immense édifice n'est grand que de près et cependant de quarante kilomètres à la ronde, alors qu'on ne voit de Rome qu'une traînée blanche, on distingue à l'horizon son gigantesque profil dessiné contre le ciel, dominant les horizons. Tous les guides, toutes les descriptions plus ou moins savantes et prétentieuses sont à la disposition du voyageur et du curieux, qui reste ébloui, aveuglé, par la grandeur du spectacle qu'il a sous les yeux. Saint-Pierre a été bâti par vingt-cinq papes, quinze architectes sont morts à la peine. Au centre, en levant les yeux, on voit à 200 mètres la coupole célèbre. De là-haut, ceux qui sont en bas sont gros comme des fourmis ; l'immense vaisseau peut contenir 100,000 fidèles, on chante les vêpres dans une chapelle, sans que le service d'une autre soit le moins du monde gêné. Ce n'est pas en une visite qu'on peut tout voir, de façon à garder l'impression des choses vues. Il faut revenir, regarder encore or, marbre, mosaïques, statues, colonnes, autels où brûlent les lampes éternelles, alimentées par les huiles des jardins d'oliviers de l'église. Sur la plate-forme de la basilique l'œil étonné verra tout un petit village occupé par les ouvriers qui travaillent toute l'année et depuis des siècles aux réparations incessantes du vaste édifice, on les appelle les *sanpietrini*.

J'étais venu quelquefois dans cette prodigieuse basilique, la plus grande du monde, et où par conséquent, à part les grandes fêtes religieuses, on trouve toujours une solitude relative. Aux temps où les papes n'étaient point prisonniers, on pouvait espérer dans le cours d'une année d'assister à une de ces grandes cérémonies du culte catholique honorées par la présence du pape. Aujourd'hui les souverains pontifes n'entrent que rarement dans Saint-Pierre, Léon XIII y a paru à son jubilé et ce fut un véritable événement pour les fidèles. On se pressait, on se heurtait pour voir ce souverain devenu presque invisible, presque mystérieux; parfois on le cherche des yeux aux hautes fenêtres du Vatican, mais on ne voit rien, si ce n'est le soir une lumière qui s'éteint brusquement à 10 heures.

C'était un dimanche; il pleuvait comme il pleut parfois à Rome : toutes les écluses célestes paraissaient ouvertes; peu de monde dans l'église, on ne s'y coudoyait pas, mais il y avait bien un millier de personnes.

Dans une chapelle latérale, 50 chanoines chantaient les vêpres. C'était quelque chose comme une ouverture de grand opéra. Par moments la magnifique voix d'un soprano, — s'il faut en croire les intimes du Vatican, il ne reste plus que 2 ou 3 de ces êtres incomplets, de ces célèbres enfants de chœur, qui ont été une fois légendaires, — retentissait vibrante, et à une intonation on devinait la voix de tête. Rien que ce grand morceau de musique sacrée aurait valu une visite. A l'entrée même de la basilique c'était une autre cérémonie : on accourt de la ville et de la banlieue pour faire baptiser les enfants à Saint-Pierre ; or la journée en paraissait une à baptêmes. Nous approchâmes. Comme pour tous les baptêmes romains, c'étaient le parrain et la marraine qui assistaient seuls à la cérémonie, la sage-femme porte l'enfant. Le prêtre officiant avait une bonne figure gaie, réjouie, rien du grave et solennel : il était de taille moyenne, visage coloré, bouche souriante. Une vraie tête de bon comique. Au moment où nous approchâmes il débitait avec une rapidité extraordinaire les formules du baptême ; de temps à autre, entre le latin de l'église et des phrases italiennes, nous entendions prononcer le nom de l'enfant « Clelia, Ortensia, Rosa, Maria » (toujours un nom antique et un nom de saint ou de sainte, dans les actes de baptême). Ce fut long, le prêtre doit avoir une grande habitude de la cérémonie et une mémoire prodigieuse. Il passa l'huile et le sel à l'enfant, puis il versa sur sa tête l'eau consacrée, la sage-femme essuya la tête de l'enfant qui fut sage et muet jusqu'au bout. Le prêtre recommanda aux parrain et marraine de rester fidèles à la sainte Église catholique, et il dit à l'enfant: « Clelia Ortensia Rosa Marie, va-t'en en paix. » sur le ton d'un homme qui dirait : A une autre ! car en effet plusieurs groupes attendaient leur tour dans l'intérieur de la chapelle. Ce dimanche-là on fabriquait en grand de nouveaux enfants de la grande Église catholique et romaine.

A droite de la place Saint-Pierre, on aperçoit des bâtisses disparates d'une hauteur échevelée et qui sont moitié caserne, moitié palais. Les angles se coupent irrégulièrement, les murs s'effritent quelque peu ; c'est le palais du Vatican, la résidence des papes et les bâtiments qui cachent les splendeurs intérieures et une multitude d'autres constructions qu'on ne voit pas. C'est derrière qu'est la monnaie, la Zecca pontificale, qui jetait autrefois dans la circulation cette masse de pièces divisionnaires d'argent, sur lesquelles, Sa Sainteté faisait un fort joli bénéfice. En 1868 l'Union monétaire latine ouvrit la première les hostilités contre la papauté, elle déclara les pièces du pape hors cours, non pas parce qu'elles n'ont pas le fin d'argent des pièces de l'Union, mais parce que le gouvernement pontifical en frappait une quantité hors de proportion avec le chiffre de sa population. Depuis 1870, le gouvernement italien a mis la main sur la monnaie et il la garde à l'intérieur même du Vatican. Il ne faudrait pas accepter ce mot « Vatican », qui pour certaines gens pieux a presque un sens céleste et magique, dans son sens idéal et majestueux, car il y a de tout derrière ces hautes murailles ; il y a le représentant de Dieu sur la terre et des milliers de pauvres diables qui vivent fort misérablement autour des splendeurs et des trésors accumulés depuis des siècles. On y compte bien 6000 employés de toute espèce, sans parler des ouvriers. Ce monde forme une paroisse spéciale, celle du Vatican. On ne compte pas moins de onze mille chambres dans ces palais. Des galeries et fenêtres l'œil voit au loin des terrasses, des jardins, des parcs. Une voiture à deux chevaux met une heure à faire le tour des jardins. On peut y chasser l'alouette et même la caille lors du passage, on raconte que quelques prélats et même des papes n'ont pas dédaigné d'abattre des oiselets. On voit par là combien est grande et heureuse la déception de ces milliers de pèlerins accourus de tous les coins du globe pour voir le prisonnier! Il est certain qu'ils rentrent chez eux, persuadés que l'image qu'on a faite de la prison du saint-père est un peu chargée de noir et qu'au fond il n'est guère prisonnier, puisqu'il pourrait, si l'envie lui en prenait, faire atteler et donner au cocher la consigne de passer le pont Saint-Ange.

L'accès au Vatican n'est pas difficile, on ne voit là ni portier, ni double sentinelle, ni corps de garde rempli de fusils. Rien, si ce n'est un hallebardier portant un casque couvert de plumes blanches, un justaucorps à carreaux longs noirs et jaunes, des bas de coton, des souliers découverts et une hallebarde. Ce garde appartient au corps suisse qui de temps immémorial est préposé au service du pape. Il y a encore la garde noble et la garde palatine, mais ces gardes d'honneur n'ont plus guère occasion d'endosser leur magnifique uniforme. Il ne reste donc au Vatican que les 100 gardes suisses et 80 gendarmes pontificaux. Ces derniers ressemblent assez à la gendarmerie française alors qu'elle portait l'habit. Les gendarmes font faction dans quelque galerie, fusil au bras, tricorne en bataille, cartouchière au dos. Ils ont l'air de s'ennuyer à mourir, ces bons gendarmes qui autrefois enlevaient les patriotes, poursuivaient les brigands et terrorisaient la ville éternelle; aujourd'hui ils battent du talon les dalles des corridors et ce sont les suisses qui ont les postes des salons et la garde de la porte.

Un de ces braves suisses voulut me faire les honneurs de la maison, il me conduisit partout, il me fit voir la porte par laquelle l'empereur Guillaume entra chez le saint-père ; il était de service tout près, il entendit M. Herbert de Bismarck qui, s'impatientant, poussait le prince Henri vers la porte et cria à haute voix, en français : « Maintenant ou jamais ». A l'entrée se trouve le corps de garde; des hommes jouaient aux dés, comme des lansquenets du moyen âge, d'autres se promenaient en compagnie d'un personnage en petit képi rouge galonné. Je le pris pour l'officier de service, on me dit que c'était un caporal. Du reste le corps des suisses est en avance de plusieurs grades, le simple garde a rang de sergent et ainsi de suite. Ils sont une centaine avec un colonel, un lieutenant-colonel, deux majors, un capitaine, des lieutenants, sous-officiers, etc. Ils touchent environ cent francs par mois, plus le bois et l'huile; ils sont casernés dans un petit édifice près des portiques. Le service n'est pas pénible, un jour et une nuit de garde et deux jours libres. Depuis que les Italiens sont entrés à Rome, les suisses et les gendarmes ne peuvent plus franchir en uniforme la porte du Vatican, chacun a donc son petit trousseau d'habits bourgeois, et on prendrait ces jeunes gens qui s'habillent fort proprement pour des commis pharmaciens ou de librairie. Il paraît qu'on vit tout à fait en famille au Vatican. Un de ces suisses, un sergent originaire du Jura et qui se nomme Rossier, a confectionné à l'occasion du jubilé une horloge avec les heures de toutes les capitales du globe. Cette horloge a été offerte au saint-père, qui a immédiatement bardé du titre de comte romain le sergent horloger.

C'est en compagnie d'un de ces braves au costume fantastique, dessiné par Raphaël, à ce que m'assure le hallebardier, que je fis le tour du palais, passant par les trois rangées de galeries qu'on appelle loges, sortant d'un salon splendide, pour tomber dans un plus magnifique encore, traversant musées, salons de réception, salle des suisses, cette magnifique pièce qui n'a pas sa pareille au monde. Partout où l'œil s'arrête, ce ne sont que fresques admirables, peintures, mosaïques, bois ou métal ciselé, repoussé. Raphaël s'est multiplié, mais le temps accomplit son œuvre, et il faut sans cesse retoucher quelque chose. Il est vrai que Pie IX, pris d'un soudain sentiment artistique, fit achever les travaux protecteurs dont Murat avait eu l'initiative ; actuellement les galeries sont vitrées et les fresques à l'abri.

C'est au milieu de ces splendeurs que vivent les papes et les grands dignitaires de l'Église. Ils sont loin les temps où les pasteurs des âmes allaient à pied le bâton à la main. Aujourd'hui les princes de l'Église se couvrent d'habits de soie et d'or, les voitures, les chevaux sont couverts d'or, les laquais sont dorés de la tête aux pieds, tout ce que les arts ont pu enfanter de grand, de beau, de pur, de magnifique est accumulé dans ces palais des merveilles. Tout cela à cause du prestige!!! Quand Léon XIII se montre, comme une petite maîtresse, il choisit les colliers les plus précieux ; il est vaniteux et en vieillissant il est devenu d'une avarice sordide. On prétend que toutes les sommes qui sont envoyées s'engouffrent dans ses appartements et ses coffres-forts. Il ne tiendrait qu'une comptabilité élémentaire, et les dignitaires sont très inquiets, car si Léon XIII venait à mourir brusquement, il y aurait des contestations d'intérêt avec les membres de sa famille. L'an dernier, 50,000 fr. étaient parvenus du Mexique, Léon XIII passa des journées à compter et empiler les onces d'or. Il paraît qu'une pièce roula sur un tapis; un valet de chambre la releva et la rendit à Sa Sainteté. Léon XIII fut pris de peur : « Regarde bien s'il n'y en a pas d'autres »! dit-il au valet de chambre, en faisant disparaître l'once. Pareil fait s'était produit au temps de Pie IX, mais le pape d'alors avait des idées plus larges, il dit à son camérier: « Garde-la, mon enfant! » Celui-ci empoche et crie: Regarde bien s'il n'y en a pas d'autres !

Bien que le clergé catholique soit discipliné et soumis, il n'en est pas moins vrai que le spectacle de ces magnificences, excite l'envie surtout chez cette masse de pauvres prêtres, qui vivent littéralement des reliefs de l'autel, disant de ci de là quelque messe à fr. 2.50. Ils sont peut-être 5 à 6000 à Rome vivant assez misérablement, partant disposés à crier. On les appelle les *scagnozzi*. Il y a dans ce monde des pasteurs suspects venus du dehors, n'ayant pas pu vivre avec leurs paroissiens, il y a des prêtres qui postulent quelque poste de scribe au Vatican, ou qui attendent une place ou une paroisse, mais il y a surtout du prolétariat de l'Église qui attend sa part de faveurs. On comprend que ces gens qui voient chaque jour rouler les carrosses de hauts prélats, au traitement mensuel de 1000 ou 1500 fr. et dont la seule occupation est de siéger de temps à autre en conseil, provoquent l'envie des pauvres prêtres, les *scagnozzi*. Ils avaient fondé un journal à scandale la *Cronaca Nera*, qui a produit un certain effet au Vatican. Léon XIII s'est alarmé et il a réussi à placer une soixantaine de prêtres besogneux, mais il en reste des milliers. Ces gens forment la catégorie des malheureux honteux, des pauvres en habit noir. Pour beaucoup la vie est dure et terrible, alors qu'elle est fréquemment tolérable pour les pauvres ordinaires, même agréable pour certains pauvres de profession. En voici un exemple: Depuis 30 à 40 ans, un paralytique s'était installé avec ses béquilles près de la statue de bronze de l'apôtre; il avait un énorme rosaire et priait tout en tendant le chapeau. C'était Pierre Marcolini, appelé le bienheureux Pietro ou Pollastrone, car il avait fini par obtenir de Pie IX le droit de monopole, celui de demander l'aumône aux fidèles qui venaient baiser les pieds de l'apôtre ou qui s'approchaient à portée de son chapeau. Pie IX s'était habitué à voir le bienheureux Pietro et en mainte occasion, il l'avait favorisé d'un petit salut amical, il reçut même un jour en audience le mendiant de Saint-Pierre, auquel le cardinal Ricci s'intéressait. Notre « Pollastrone », béquilles sous les bras et pas trop intimidé, se plaignit au souverain pontife de la dureté des temps, du froid de l'église, et il raconta au saint-père ses malheurs. Pie IX lui accorda un petit secours et lui fit remettre une de ses vieilles robes de chambre. Pollastrone, en rusé compère, affublait le vêtement dans les grandes circonstances, il aurait pu le vendre au poids de l'or à quelque collectionneur de reliques, mais ses moyens lui permettaient de le conserver. Quand Pie IX descendait à Saint-Pierre, il était heureux de voir le bonhomme en tenue de gala. Léon XIII succéda à Pie IX, personne n'osa toucher au monopole du bienheureux Pietro, qui continua son petit métier et ses prières. Il n'y a pas longtemps, après avoir achevé sa journée, le bienheureux Pollastrone descendait tant bien que mal avec ses béquilles les escaliers de la basilique, lorsqu'on le vit tomber. On accourut, on le porta à l'hôpital du

Santo Spirito au Borgo, mais Pollastrone était déjà mort. Une attaque d'apoplexie foudroyante l'avait frappé. C'est alors qu'on apprit que le bonhomme avait eu deux femmes et de nombreux enfants, qu'il était veuf, habitant un gentil appartement aux environs de Rome. On y a même trouvé 50,000 fr. en or et billets. Pollastrone faisait à temps perdu un petit commerce de volailles, pour se distraire seulement. Le soir il dînait très régulièrement dans quelque *osteria* populaire.

Aujourd'hui des centaines de mendiants, paralytiques, boiteux, manchots, culs-de-jatte, postulent la place laissée vacante par le défunt. On ne sait pas si elle sera repourvue ; si elle ne l'était pas, ce serait encore un petit bout de pittoresque qui disparaîtrait de Saint-Pierre.

V

LE BON VIEUX TEMPS. — LES MOEURS. — ROME PAPALE. — RÉACTION, L'ARMÉE, LE SOLDAT DU PAPE. — LA DÉBACLE.

En disant en tête de ce chapitre « le bon vieux temps », je n'ai point l'intention de remonter au temps de Romulus et Rémus et de suivre l'histoire de Rome à travers ses périodes de gloire et de décadence ; cette histoire est toute de luttes, de guerres et de violences, guerre avec les Albains, les Sabins, les Latins, les Véiens, les Étrusques, les Volsques, les Samnites, les Gaulois, les Grecs, les Carthaginois, les Cimbres, les Teutons, les Daces ; tous ont ensanglanté le monde et l'ont couvert de ruines. Rome a connu la guerre civile, l'invasion, le césarisme, la dictature, les compétitions des prétoriens, les soulèvements d'esclaves, les exactions des tyrans, les complots, les conspirations, les dissensions entre les plébéiens et les patriciens, entre le peuple et le sénat, Rome subit les caprices de monstres comme Tibère, Caligula, Néron, Galba, Vitellius. Rome a eu vingt-sept empereurs morts assassinés. Rome a eu aussi de bons souverains, il en est un qui est resté légendaire, disons Titus. Cet empereur qui a laissé de si bons souvenirs, qu'on se plaît à nous montrer désolé quand le soir d'une de ses journées il constatait qu'elle n'était marquée par aucun bienfait, cet excellent homme donnait des fêtes au Colysée où il fit égorger plusieurs milliers de bêtes et presque autant de créatures humaines. Les historiens ont compté les bêtes qu'on allait capturer en Afrique et en Asie, et qui coûtaient gros; quant aux esclaves, ils ne coûtaient rien et on ne les comptait pas. Ce n'est pas de cette Rome ni de ces temps-là que je veux parler en disant le « bon vieux temps », mais bien d'un récent passé, qui ne remonte pas à vingt ans. Rome jusqu'au 20 septembre 1870 était livrée à ce qu'on appelle le pouvoir temporel, c'est-à-dire à l'Église s'occupant des choses terrestres. Et dans ces occupations terrestres, il s'en trouvait qui l'étaient par trop, car sous le régime des papes, la surveillance des mœurs publiques, par exemple, était dévolue à Son Éminence le cardinal-vicaire, qui exerçait ainsi des fonctions qui ailleurs sont de la compétence d'un préfet de police, d'un inspecteur ou commissaire des mœurs. Ce cardinal-vicaire avait pour principaux auxiliaires les curés des paroisses, qui étaient autorisés de ce chef à faire des descentes dans tous les logements de leur circonscription, de se faire accompagner par les gendarmes ou agents de la police des mœurs. Ce qui se passait alors défie toute description. Cela rappelle quelque peu les règlements sur la police des mœurs sous les Bourbons de Naples. Quand à Naples une malheureuse était surprise de nuit en dehors de son domicile en tête-à-tête suspect, on arrêtait la fille et on la plaçait à la rue Capoue, où elle restait casernée, sous la surveillance de la police, au service de tout soldat lui offrant cinq sous. A Rome, quand un curé-commissaire surprenait, dans un logis quelconque, deux personnes libres de sexe différent, le gaillard ne perdait pas son temps en observations sur la morale, la décence et les vertus cardinales, il mariait les délinquants ou le jour même ou le lendemain. Si le fiancé malgré lui, si la fiancée faisaient résistance, il y avait la prison ; si l'un des deux coupables ou tous deux étaient mariés, alors le cas devenait pendable, c'était procès-verbal dressé, plainte en justice, enquête, scandale, désagréments de toute espèce, humiliations, procès, amende, prison et dommages-intérêts. Les Romains exposés à de pareils désagréments sont devenus excessivement circonspects, les mœurs n'y ont naturellement rien gagné, mais le mal n'est que plus répandu et plus caché. Ils savaient que sous le beau zèle des commissaires en soutane, il y avait souvent des comédies organisées et ils se tenaient sur leurs gardes. Ils avaient aussi à redouter les dénonciations, les pièges, le chantage. Sous le temporel, les Lovelaces romains préféraient encore le scandale d'un procès à l'humiliation d'être mariés contre leur gré ; ils faisaient la cour aux femmes mariées plutôt qu'aux donzelles de la ville éternelle. On serait presque pris de sympathie, en lisant ce qui précède, pour les mesures fiscales inventées par le pape Paul III, qui trouvait fort convenable de soumettre les filles publiques à une taxe mensuelle proportionnée à leurs charmes. La chose n'était pas une petite affaire, puisque 45,000 filles publiques furent enregistrées comme contribuables.

Les rigueurs de Son Éminence le cardinal-vicaire, assisté par les commissaires-curés, ont fait naître à Rome une industrie qui n'est que la conséquence naturelle de cette immixtion de l'autorité dans un domaine où elle n'a rien à voir. Que la décence de la rue soit respectée, mais abuser du temporel au point de faire des descentes à domicile de nuit et de jour, sur un simple soupçon, sur une simple dénonciation, voilà qui dépasse en rigueur tout ce qui a été pratiqué sous les gouvernements les plus absolus et les plus tutélaires. Marier des gens qui ne s'aiment pas ou qui n'ont l'un pour l'autre qu'un sentiment passager, c'est pousser la morale à un point où elle devient le terrorisme. Ce beau zèle, dis-je, a eu ses fruits : la ville de Rome a connu les entreprises «Amour et Cie», directeur et directrice fournissant sur commande, même à la haute administration et aux hauts dignitaires de l'État, laïques ou appartenant au clergé régulier. La Rome chrétienne d'aujourd'hui ne connaît pas les effrayantes débauches des Romains, elle n'a pas vu les Césars triomphants traverser le quartier des courtisanes, sourire aux prêtresses de Vénus; elle n'a pas vu les débordements de certains papes, de beaucoup d'évêques, d'un Borgia, du cardinal Bembo et de bien d'autres. Les mœurs se sont adoucies, le vice effrayé se cache, il a peur de Son Éminence le cardinal-vicaire et de ses agents. Ce n'est pas à dire qu'il ne s'étale pas aussi, et il a bien fallu faire des concessions aux protecteurs du pouvoir temporel, aux mercenaires et à la soldatesque. Là-bas dans les quartiers sales, dans les petites rues qui aboutissent au Tibre, entre le pont Saint-Ange et celui de la Ripetta, dans ces bouges infects, sombres la nuit, garnis d'étendages le jour, vivent les courtisanes. C'est en ces parages que les défenseurs de la religion et de la papauté venaient oublier les ennuis du célibat, les heures moroses de la caserne. Son Éminence le cardinal-vicaire et ses commissaires ne venaient point en ces lieux prêcher la morale ou marier les amants d'une heure.

Il n'est pas possible d'imaginer un système de gouvernement plus illogique, plus arbitraire, plus cruel et plus arriéré que celui-là. L'idée de l'Église, les principes, le but, les intérêts de l'Église se substituent à tout, l'histoire disparaît, la nationalité est effacée, les aspirations sont étouffées, l'Église s'affirme, se dresse et s'impose partout. Les fêtes ne sont que des fêtes d'église, de saints ou de saintes, et comme il n'y en a pas assez, on en invente, on découvre l'Immaculée Conception, on impose aux fonctionnaires des pratiques religieuses, ils doivent se confesser et communier et pouvoir justifier de l'accomplissement de ces devoirs par des attestations des prêtres des paroisses. Ah! quel beau temps pour l'Église! C'est alors que la voiture d'un cardinal passe outre une chaîne militaire. Un officier intervient, le cocher du cardinal joue du fouet; l'affaire fait du bruit, l'officier est mis aux arrêts parce qu'il a manqué de respect au cardinal en la livrée de ses laquais. Dans le bon vieux temps, un étranger entrait-il dans une boutique de pâtisserie pour y absorber un café à la crème, le pâtissier venait lui annoncer qu'il lui était défendu de servir du laitage un vendredi dans une salle exposée à la vue des passants et on faisait passer le client dans l'arrière boutique. Ce régime portait ses fruits, autrefois, mais il y a longtemps, quand le chef du système se montrait dans la ville de Rome, il était accueilli par des manifestations de joie et d'allégresse, on implorait sa bénédiction, on lui prodiguait des témoignages d'affection et d'amour, on l'enivrait de ces triomphes si doux au cœur. Depuis que les pontifes ont fait de la politique et se sont imposés, par la violence et les baïonnettes, tout a changé. Un silence glacial régnait sur le passage du cortège ouvert par un piquet de dragons. Les libres penseurs, les mécréants, les libéraux fuyaient dans les allées, dans les magasins, chacun avait peur d'être pris pour un papalin, un stipendié, un agent de police ou un fanatique. Pie IX fut frappé, dit-on, par ce spectacle. Il comprit un instant que le trône pontifical lui-même a besoin de l'atmosphère de liberté et il voulut s'abandonner un instant à cette idée ; il s'associa à l'élan national qui portait l'Italie à secouer le joug étranger, il proclama l'amnistie, il promit des libertés, il voulut des institutions politiques en harmonie avec les idées modernes. Ce fut le beau temps de la papauté. D'un bout à l'autre de l'Italie on acclama Pie IX. On chantait ses louanges en vers et en prose à Rome, à Florence, à Naples, à Venise, à Turin, à Milan.

> Nè a nuovo pianto il secolo condanna
> Cicia licenza od unità italiana.

Un autre :

> Chi disse : il regno d'Italia, e mio ?
> Stolto ! L'Italia regno e di Dio.

Un autre :

> E l'italo Pio
> Che piange, che prega,
> Italia per te !

Un autre :

> I colpi volano, si drizza un angelo
> Angel d'Italia : viva il gran Pio !

Un autre :

> Stendardo d'Italia
> Nel nome di Dio.
> Sull Alpi ti colloca
> La destra di Pio.

Enfin ce dernier :

> Sorgi Italia, ti chiama una voce.
> Che proclama dal Soglio di Piero
> Il verace di Cristo pensiero :
> Evangelo vuol dir Liberta !

Hélas ! ce fut une fusée, un feu de paille, un rêve, un beau rêve ! Et du reste à cette bienheureuse époque de tâtonnements et d'hésitation, tout le monde commandait, conseillait et tout alla de travers; puis quand après tant de secousses l'Italie retomba en son état précédent, chacun, y compris le pape, se laissa aller à ses penchants. Pie IX avait dû fuir à Gaëte, ce petit mécompte l'irrita contre la révolution, contre l'idée italienne, et son unique souci fut de prévenir le retour des jours sombres. Pour se garder contre les révolutionnaires, il tomba dans la réaction et ce n'était pas difficile. Pour affirmer son système, il lui fallait une armée sûre et il recourut au racolage de mercenaires. Au temps des papes, il n'y avait pas de recrutement dans l'État pontifical. Le gouvernement français, qui pour son malheur s'est beaucoup trop occupé des États pontificaux, essaya d'obtenir de Pie IX, des mesures pour constituer une armée nationale. Pie IX qui depuis 1848 avait une peur bleue de l'idée nationale, du peuple et de la révolution, répondit qu'il lui répugnait de contraindre ses sujets à un célibat même momentané. A-t-on jamais rien entendu de plus stupéfiant de la bouche du chef d'une Église qui impose le célibat à des milliers de cardinaux, archevêques, évêques, prêtres, moines, nonnes etc.? Aucun État au monde n'avait moins besoin d'une armée que les États de l'Église, aucune armée n'aurait menacé ses frontières, le territoire pontifical eût été respecté par tous les États et il n'eût pas été difficile d'obtenir d'un congrès européen des garanties formelles à ce sujet. Puisque les sujets du pape n'étaient pas astreints au service militaire, à quoi bon une armée, si ce n'est pour l'opposer aux propres sujets? Sauf à

Vicence, où les troupes suisses au service de Pie IX se sont, comme toujours, admirablement conduites en tenant tête aux Autrichiens, l'armée pontificale n'a plus eu à lutter que contre des Italiens. Castel Fidardo, sac de Pérouse et autres exploits.

Le gouvernement pontifical racolait surtout des Suisses ; on a parlé de Suisses catholiques, ce qui pouvait être vrai en temps ordinaire, mais quand les temps devinrent difficiles, quand l'idée nationale se manifestait partout, alors le racolage devint général ; protestants suisses, catholiques badois, irlandais, autrichiens, tout homme valide put être reçu dans l'armée pontificale organisée à la française, pantalon et képi rouges. On n'était pas difficile, on recevait tout le monde, et cette armée qui aurait dû être un modèle, dans laquelle on n'aurait dû rencontrer que des hommes pieux, soldats par dévouement à la cause, ne devint qu'un ramassis de pandours et d'aventuriers, d'individus ayant échappé à la justice, de têtes brûlées, de débauchés ne sachant plus où pousser leurs pas, de drôles suspects munis de faux papiers. Les honnêtes gens ne furent plus qu'une minorité dans ces corps recrutés dans les cabarets de Suisse, de Bade, du Tyrol et de Bavière.

Ils ne ressemblaient en rien aux régiments suisses qui avaient combattu l'Autrichien à Vicence, et on peut hardiment leur mettre sur le dos le sac de Pérouse, malgré les dénégations et les protestations de l'Église.

En 1864, après des appels désespérés au monde catholique, aux états réactionnaires, le pape Pie IX avait à son service environ 8000 hommes, dont 400 dragons, 800 artilleurs, 3000 chasseurs dits zouaves franco-belges et carabiniers étrangers et 2000 gendarmes. Les carabiniers étrangers surtout désertaient à qui mieux mieux. Dix ans auparavant, l'armée pontificale comptait au moins 15000 hommes. Il y avait alors environ 6000 volontaires romains appartenant à la réserve et 2000 hommes de garde nationale; il est vrai que les 6000 hommes de la réserve n'ont jamais existé que sur le papier. Sur cette armée pesait, comme une malédiction, la légende du soldat du pape. Ce service qui aurait dû être celui de l'abnégation, du dévouement, quelque chose d'élevé et de digne, fut peu à peu discrédité au point de tourner à la risée publique : « soldat du pape ! dragon du pape !! » C'est au point qu'en 1848, à ce que raconte le patriote Pianciani, un régiment fut gagné à la cause de la république romaine. Un membre du gouvernement romain adressa une allocution aux soldats : Désormais personne n'aura plus le droit de vous traiter de « soldats du pape ! » L'orateur ne put continuer, ces seules paroles avaient provoqué un enthousiasme indescriptible. Ces braves n'étaient plus « des soldats du pape ! »

A côté de « l'armée du pape » il y avait un corps spécial, sorte de milices, comprenant 6000 hommes et qu'on nommait les centurions. C'étaient les sanfédistes d'autrefois, gens décidés à combattre par tous les moyens le libéralisme et surtout les libéraux. C'était une sorte de garde papaline qu'on tenait surtout dans les marches d'Ancône et dans les parties des États de l'Église où la révolution couvait sous la cendre. Le commandant en chef de ce corps était un cardinal, ayant pour état-major un conseil composé de dix dignitaires de l'Église. L'armée des centurions était répartie en divisions ayant chacune un général et six ecclésiastiques à sa tête ; chaque division comptant six commandements avait un officier et trois ecclésiastiques pour chaque commandement ; chacun de ces derniers était divisé en dix centuries avec un conseil ecclésiastique ; chaque centurie avait dix décuries.

L'action de cette engeance infernale, organisée de main de maître, échappait à tout contrôle, à toute loi. Dans les Marches et dans les Romagnes, le commandement était déféré à deux implacables personnages qu'on appelait le général Bartoluzzi, le général Della Noce. Les sanfédistes, en entrant au corps dans lequel ils étaient classés, prêtaient un serment qu'on appellerait aujourd'hui « pittoresque »; mais en ce temps-là les affaires politiques n'avaient certes rien de pittoresque : « En présence du
« Dieu Tout-Puissant, le Père, le Fils et le
« Saint Esprit, de la Vierge Marie immaculée,
« en présence de l'armée céleste et en ta pré-
« sence, digne Saint-Père, je jure de me faire
« couper la gorge et la main droite, de souffrir
« les plus terribles tortures de la faim, et je prie
« Dieu de me vouer aux flammes infernales,
« plutôt que de trahir. Je jure de rester ferme
« dans la défense de la foi, de n'épargner per-
« sonne de la canaille libérale, quelles que soient,
« cas échéant, sa position et sa famille; je jure
« de n'entendre ni la plainte des enfants ni
« celle des vieillards, de verser jusqu'à la der-
« nière goutte le sang des libéraux, sans dis-
« tinction de rang ou de sexe. Je jure haine
« implacable à tous les ennemis de notre sainte

« religion catholique. » On a retrouvé des textes de ce serment féroce sur des moines et des prêtres, non pas au siècle passé, mais dix ans avant l'occupation de Rome par l'armée italienne. On a saisi également une circulaire adressée aux adeptes pendant le siège de Gaëte (1860), recommandant d'être prêts au premier signal et alors de n'épargner ni l'enfant au berceau ni celui dans le sein de sa mère. Le général Bartoluzzi, qui passait pour un tiède et qui fut remplacé par un homme plus énergique, adressait aux centurions des ordres du jour dans lesquels, parlant des libéraux, il les accusait de chercher à ramener l'humanité à l'état sauvage, ce qui serait empêché, car ces monstres à la misérable perfidie seront anéantis par notre honorable corps, modèle de vertu et de fidélité, sur lequel nous appelons la bénédiction de Dieu. La renommée des centurions comme bandits et assassins était générale, et quand le général Bartoluzzi ou son collègue venait à Rome, la foule accourait pour voir ces redoutables chefs de bande, dont le pouvoir et l'autorité étaient tels qu'ils en imposaient même à à la police papaline, aux employés et aux préfets. Le cardinal Spinola en fit l'expérience. On le menaça tout tranquillement de le poignarder.

Son Éminence prit la chose fort au sérieux et se réfugia à Rome. C'est cette racaille embrigadée qui saccagea Pérouse, c'est elle qui répandit la terreur à Rome sous le nom de volontaires. On ne les a pas vus à la porte Pie : ils préféraient le service de sûreté à l'intérieur de la ville, et quand le général Cadorna entra le 20 septembre par la brèche, la milice secrète s'était déjà éclipsée.

Quant à l'armée proprement dite, à part les bataillons étrangers, tout le reste n'était qu'un troupeau prêt à lâcher pied. Comment en aurait-il pu être autrement?

Le corps d'officiers était du reste à la hauteur de la troupe. L'administration était entièrement entre les mains des prélats et on ne pouvait demander à leurs Éminences les cardinaux et autres dignitaires de s'entendre en choses de guerre, comme en matière canonique ou théologique. On nommait par anticipation des officiers de gendarmerie, qui lors de leur nomination portaient encore des culottes fendues; il suffisait pour cela de porter un nom à effet. On vit un jour, dit Pianciani, un abbé escortant son élève âgé de 16 ans. Il portait l'uniforme de major; il avait obtenu cette faveur de Pie IX enchanté de la traduction d'une lettre de Cicéron. A côté de ces avancements rapides, il y avait naturellement les oublis, les passe-droits, les injustices, les officiers subalternes devancés par des protégés ; de là le discrédit sur l'armée, le mépris du peuple et l'épithète « soldat du pape ».

On ne refait pas l'histoire. Mais ce qui est certain c'est que si Pie IX manqua de flair et de jugement, il aurait dû comprendre que des mouvements du genre de celui de 1848 et 1849 ne sont pas des phénomènes passagers, ils témoignent d'un état maladif auquel il faut porter remède. Un instant la cause de l'Italie était gagnée, mais il manqua une tête dirigeante. Mazzini était né conspirateur plutôt que chef d'action. Charles-Albert avait été battu à Novare, le Piémont accablé par le nombre des Autrichiens pouvait être écrasé, la Sicile se déclarait indépendante comme si elle eut été au milieu de l'Océan, Venise se proclamait république comme si elle eût été en Australie, le roi de Naples, un fourbe réactionnaire ne demandait qu'à écraser la révolution et pactiser avec les sanfédistes, et le pauvre Garibaldi se multipliait en vain contre les ennemis qui le traquaient de tous les côtés. L'idée nationale était bien mûre, mais tout était préparé à l'italienne, à bâtons rompus, sans homogénéité d'action. Mais les années ne comptent que pour des haltes dans l'histoire du monde. Castel Fidardo arriva. C'est en vain que la réaction universelle accourut au secours de la papauté, Lamoricière vint se faire battre pour une cause perdue. La débâcle de Castel Fidardo coûta au Saint-Siège les Marches et l'Ombrie. Le gouvernement pontifical avait fait des dépenses énormes pour tenir tête à l'orage, une armée avait été improvisée; on ne saura jamais les sommes folles qu'elle a coûté, les primes d'engagement étaient énormes : il fallait bien tenter les braves qui s'exposaient à se faire casser la tête pour une cause condamnée et allécher tous les mauvais garnements de la chrétienté par des écus. Il fallut faire l'acquisition d'un immense matériel de guerre, qui tomba aux mains des Piémontais. Quelques années après, le budget des États romains accusait un excédent de dépenses sur les recettes de $5\,1/2$ millions d'écus, quelque chose comme 29 millions de francs.

Décidément l'Église n'administrait pas bien le temporel, elle n'était pas dans son élément, et les mercenaires du monde entier ne pouvaient sauver cet état de la culbute. Il est vrai qu'il y eut un temps d'arrêt, Garibaldi était blessé à

Aspromonte par les troupes italiennes, puis la France laissait enrôler la fameuse légion d'Antibes. En octobre 1867, les chassepots du général de Failly faisaient merveille, pas assez cependant pour prévenir la débâcle. Il eut fallu autre chose que des merveilles, un miracle eût été nécessaire. Le 20 septembre 1870, l'Italie entrait par la brèche. On a eu tort de la combler. En lieu et place de cette historique muraille éventrée, on a élevé un mur rouge contre lequel est placée une grande plaque de marbre portant les noms des 73 Italiens qui sont tombés sous le feu des soldats du pape. Pie IX en revanche a fait élever au Campo Santo de Rome, dans cette grande nécropole d'autrefois, un beau monument aux morts héroïques tombés à Mentana. On y lit : « Aux nobles défenseurs de la religion, de la papauté, contre les parricides ». Et au-dessous, les noms des braves qui sont tombés : Allemands, Suisses, Français, Irlandais, Belges et quelques Italiens. L'édilité de Rome a laissé le monument à sa place, tout en ajoutant au socle une plaque avec ces mots : « A la honte éternelle ! » Il n'y a que les pauvres diables de mercenaires tombés à la brèche qui sont morts inconnus, leur nom n'est pas resté à la postérité.

VI

LA CAMPAGNE DE ROME. — LES OTTOBRATE. — FRASCATI. — TIVOLI. — MARINO ET SES MOEURS. LA PASSATELLA ET LA CICCIATA.

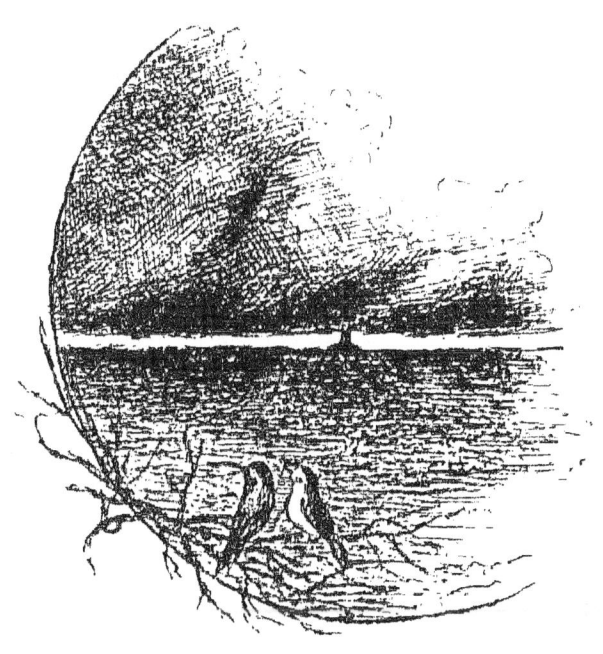

Les environs immédiats de Rome ne sont point ceux d'une grande capitale. On ne voit nulle part de ces petits nids de verdure, de ces ado-

La Campagne de Rome.

rables retraites où le Parisien vient passer ou la soirée ou l'été, fuyant le bruit de la grande cité. Pour Rome, on tombe tout à coup de la vastitude de l'Agro Romano dans la capitale ; à peine a-t-on franchi les immenses plaines désertes, sans habitations, sans vie, que l'on se heurte aux hautes murailles de la ville sainte. Ici et là, près des murs, les jardins potagers des maraîchers, admirablement cultivés et irrigués, quelques méchantes constructions, puis la ville. On rencontre dans cette banlieue immédiate des *osterie*, des *bettole*, c'est-à-dire des auberges et cabarets champêtres fort mal tenus, des tables de bois sous des abris provisoires couverts de chaume, de paille de maïs ou de verdure. Des poules, des pintades, des canards et dindons errent sous les tables et sur les tables; le service n'a rien d'empressé ou de raffiné : c'est la campagne et elle a son charme. En dehors de cette banlieue et selon les directions, quelques hauts murs cachent une villa princière, comme, par exemple, sur la route de Centocelle, voie romaine bien conservée. A l'horizon les ruines du castel aux cent chambres, de là son nom de Centocelle. Çà et là quelque vaste auberge, station d'arrêt des voituriers, des charretiers, des gens des campagnes, où l'on prend le coup de l'étrier. En passant vous entendez parfois des cris saccadés : « uno ! due ! cinque »! ce sont des indigènes qui jouent à la morra, et crient le nombre en même temps qu'ils l'accusent gravement avec les doigts. Plus loin c'est la plaine, les terrains vagues couverts de bruyères, de plants d'absinthe, de chicorée et de chiendent. Dès que vient l'automne, le Romain d'aujourd'hui est aiguillonné par l'envie de faire, à l'instar des anciens Romains, au moins une *ottobrate*. On s'y prépare à temps, en économisant les gros sous qui ont remplacé les *baiocche* d'autrefois; on portera quelque objet, dont on peut se passer, au mont-de-piété, et en octobre, avec le vin nouveau, on choisit un beau dimanche pour faire son *ottobrate*. Ce sont alors des équipages pavoisés, enguirlandés, qui partent à fond de train vers les campagnes, ou bien des caravanes entières qui emplissent les trains de banlieue. On occupe une *osteria*, une *bettola*, et on y passe la journée à boire, manger et rire sous la tonnelle. On rentre le soir en société, les équipages roulent rapides, on chante, on rit, on célèbre le beau ciel, le doux climat, les belles, le bon vin nouveau. Bacchus, Vénus, Cupidon, ont remplacé dans les imaginations et pour vingt-quatre heures les innombrables saints et saintes du calendrier catholique. Les gens aisés font une *ottobrate* dans les montagnes des environs de Rome, à Frascati, à Tivoli, Albano, Marino. Car dès qu'on a franchi le sahara qui environne Rome, on tombe dans les admirables vallons des montagnes, dans les coteaux couverts de vignes et de vergers d'oliviers. Frascati est là-bas comme une ligne blanche à l'horizon ; ses maisons et villas étagées, disposées à l'entrée de la ville vieille, sont de ravissantes résidences. On domine comme d'une plate-forme l'incommensurable plaine de l'Agro Romano ; on voit au loin la ville éternelle, le Tibre aux longs anneaux, couché comme un grand serpent aux confins de l'horizon, et Saint-Pierre qui se détache sombre contre le ciel rougi par le soleil couchant. Frascati doit sa renommée à sa position exceptionnelle, à la pureté de son air, à la magnificence de sa végétation. Ces superbes sycomores, ces chênes séculaires, ces pins gigantesques, sont autant de souvenirs d'un lointain passé. Les riches Romains d'autrefois n'avaient pas seulement le goût des grandes et majestueuses conceptions architecturales, ils aimaient aussi la belle nature, les beaux arbres et ils en importaient autant que de marbre. Des hauteurs de Frascati, quand le temps est clair, on peut voir les montagnes de la Sardaigne, et même à ce qu'on assure, le Vésuve quand il est en feu, alors qu'il coule ses laves et qu'il apparaît à l'horizon comme un gigantesque brasier. On prétend que Lucullus, ce célèbre viveur, avait sa villa à Frascati, où il n'aurait laissé du reste aucune tradition, car on y vit assez mal. Tivoli est bien plus pittoresque. Comme Frascati, la ville a son chemin de fer et son tramway à vapeur; le chemin de fer est celui qui conduit aux Abruzzes, le tramway à vapeur traverse la campagne de Rome, et franchit un canal, celui de l'Aqua Albula, les eaux blanches. A plusieurs kilomètres déjà, une forte odeur de soufre est répandue dans l'atmosphère, ce sont les eaux du canal qui sort de trois lacs, situés dans la plaine. Point de végétation autour de ces eaux mortes, qui couvrent bientôt tout objet qu'on y plonge d'une forte couche solide, phénomène de la pétrification. Marc Agrippa avait fait construire en ces lieux des thermes magnifiques et un temple. Les Romains d'autrefois appréciaient fort les eaux des lacs, ils y passaient une saison; les Romains d'aujourd'hui ne paraissent pas s'apercevoir que le moindre établissement tenu confortablement, pourvu des agréments qu'on demande aujourd'hui aux établissements de ce genre, serait immédiatement envahi par une foule de gens qui demandent la santé aux eaux sulfureuses. Mais non ! personne ne prend l'initiative et ne songe au profit qui pourrait être tiré de ces eaux. Il y a bien un petit établissement de bains, mais il reste ignoré ou perdu dans la plaine. Au loin se dessinent déjà les vergers de Tivoli, les forêts d'oliviers au beau feuillage sombre et velouté, arbres ayant défié les siècles et formant de leurs troncs noueux les dessins les plus fantastiques et les plus capricieux. Au pied de la colline se trouve la villa d'Adrien, l'empereur Mécène, qui voulut réunir dans sa résidence tout ce qu'il avait vu de vraiment beau et remarquable pendant douze années de voyages dans les provinces de l'empire. Il voulut des Champs-Élysées, une vallée de Tempé, il voulut réunir les merveilles de l'architecture grecque aux vastes conceptions des constructeurs romains. Le Prytanée d'Athènes et un hippodrome romain, des temples à Vénus, Diane, Apollon. Il fit construire des casernes pour les prétoriens et des théâtres, des écoles, des thermes, des monuments à la science — et au milieu le palais impérial, féerique résidence de marbre et de porphyre, remplie des trésors de l'art de tous les peuples avancés alors. De tout cela il ne reste rien ; la villa Adrien a été dépouillée, appauvrie par les empereurs qui succédèrent à Adrien et saccagée par les barbares. Le temps s'est écoulé, l'herbe a poussé, les ronces ont recouvert les débris et on fauche régulièrement ces herbes qui recouvrent sans doute bien des souvenirs précieux. Tivoli, l'ancienne Tibur, est une cité pittoresquement jetée le long des coteaux du haut desquels descendent à grand bruit les eaux de l'Anio, qui fait plusieurs chutes majestueuses avant d'atteindre la vallée. C'est en ces lieux que le malheureux Varus vint oublier ses défaites. C'est aujourd'hui un lieu chéri des artistes, des gens fortunés et des touristes. Mais le climat est rude, il varie souvent, il y pleut fréquemment et les gens du pays disent en manière de sentence :

In Tivoli di mal conforto
O piove, o tira vento, o suona a morto.

Tous ceux qui viennent en touristes à Tivoli vont faire un repas à l'hôtel de la Sybille, aussi admirablement situé que mal administré ; décidément l'Italie n'a pas encore compris ce qu'on doit aux étrangers, ni ce qu'on peut tirer d'eux sans les rançonner. Tivoli comme toutes les villes romaines possède quelques ruines, quelques antiquités, dont les ciceroni de l'endroit ont soin de rehausser l'origine, un monument octogone que les gens du lieu appellent on ne sait pourquoi le temple de la toux ; mais ce qui fait le charme de cette cité, ce sont ses eaux, ses cascades aux masses impétueuses qui bondissent des hauteurs dans un vaste entonnoir tapissé d'arbres séculaires, de plantes grimpantes et d'une végétation qu'on croirait empruntée à quelque gorge des Alpes. Tartarin lui-même ne pourrait croire aux trucs d'une compagnie par actions, car il serait bien désirable qu'il y en eût en Italie, pour assurer aux touristes et aux étrangers les avantages d'une civilisation un peu plus raffinée. Tartarin, comme nous, serait obligé d'admirer cette faveur de dame nature et de reconnaître que nous trouvons des surprises où nous les attendons le moins.

Bien d'autres cités des montagnes des environs de Rome mériteraient l'honneur d'une visite, car si là-bas dans la plaine, sur les bords du Tibre, tout est plat et monotone, dans la vaste circonférence des montagnes tout est pittoresque et imprévu, et il est même des contrées qui sont restées aussi inhospitalières qu'au moyen âge. Citons, par exemple, Marino, sur le versant occidental des monts Albains. Quand on parle de Marino aux Romains, ils ont soin de vous prévenir immédiatement des travers de ses habitants. Il n'y a pas au monde peut-être une ville où il se commet autant de crimes, où les gens sont plus rudes, on pourrait dire plus sauvages.

On raconte que les coteaux qui bordent la route sont couverts en automne de pampres vermeils, la route est poudreuse, le soleil ardent, la tentation est grande ! cueillir une grappe de *pizzutelle*, de ce beau raisin aux grains aussi allongés que le fruit de l'églantier, doux comme la manne, fermes comme la prune. Un coup de fusil peut partir d'un coin de mur et vous étendre dans la poussière. C'est plus expéditif qu'un procès-verbal, mais c'est dans la tradition et les mœurs. N'allez pas courtiser une Marinaise, quelque jaloux vous appliquera, n'importe où, un coup de couteau. N'entrez pas dans une habitation pour y être bien reçu. Tout est rude dans cette petite cité que Marius avait honorée en y fixant sa résidence. Ces gens méchants et querelleurs ont une réputation détestable, et les brigades de carabiniers royaux ne sont point en villégiature en ces parages si mal habités. En automne Marino est fréquemment le théâtre de rixes sanglantes. C'est là surtout que la jeunesse se livre à un jeu qu'on appelle la *passatella*. L'automne est venu, le vin a fermenté, il est piquant et délicieux, on se réunit en société dans quelque cantine pour boire, jouer et chanter. *Facciamo una passatella* ! dit l'un des compères ; aussitôt on ferme les portes, on nomme un président et son second ; le président ne l'est qu'à moitié, car c'est le second qui dispose en réalité de toute l'autorité et qui provoque le plus souvent les mêlées sanglantes. Le président signale celui des convives qui boira, le second a le droit de transférer à un autre membre de la société le tour de boire, parfois c'est pour enivrer un des compères. Le président désigne-t-il X..... aussitôt le second intervient et signale celui qui boira à la place de X..... On comprend qu'entre gens altérés, querelleurs par nature et habitude, ces sortes de saturnales finissent mal. La *passatella* tourne au tragique, on éteint les lumières, on renverse tables, chaises, bancs, flacons et verres, et on sort les couteaux. Je laisse au lecteur le soin de juger ce qui peut se passer : on se larde, on se taille les chairs, la *passatella* se termine en *cicciata*, mot qui répond à l'idée de carnage. Quelques jours après on lit dans la chronique de banlieue de quelque journal populaire qu'il y a eu querelle à Marino, qu'une *passatella* a dégénéré en bagarre et qu'il y a eu mort d'homme et blessures nombreuses!! La *cicciata* du reste est pratiquée dans tout le pays romain, elle n'est pas la suite nécessaire d'une *passatella* orageuse parfois, on règle un différend, une querelle par une *cicciata*. Dès que le mot est prononcé, le gargotier prend ses jambes à son cou et s'empresse de quérir les carabiniers ; généralement il s'écoule du temps et comme les batailleurs se sont barricadés, c'est un siége à faire. Tout a été convenu, chacun a fait sa courte prière à la Madone, et le signal donné, on frappe à tort et à travers, on s'éventre, on se mutile avec une férocité inexplicable. Ce jeu barbare, si on peut appeler cela un jeu, a ses règles, dont on ne saurait se départir. Il aura la durée convenue, il est défendu de parler, de crier, d'appeler au secours, chacun se conforme au règlement; l'un tombe le ventre ouvert, l'autre perd son sang par la poitrine, un autre râle dans un coin, quelques étincelles et le bruit du fer. C'est toujours en bas que le règlement prescrit de frapper, c'est-à-dire dans le ventre, dans l'intérêt de la conservation des lames ; il est défendu, quand la lame est entrée, de la retourner ou de chercher à agrandir l'entaille, il n'est pas permis de frapper celui qui est tombé, enfin celui qui se réfugie dans un coin renonce de ce fait à la partie. On me dit que sous le régime tutélaire des papes la *cicciata* était en grand honneur. Aujourd'hui elle devient rare, mais elle se pratique encore avec autant d'entrain qu'une morra et avec autant de sang-froid qu'une partie de domino. Certaines villes et contrées étaient célèbres, et si à Marino la *passatella* se pratique encore, Viterbe est célèbre par ses *cicciate*, il y a même une osteria, la *Palombella* où l'on organisait volontiers de ces parties de couteau.

Chose curieuse, ces sauvages si féroces en leurs jeux, si irritables, si prodigues de leur sang et de celui de leur prochain, font dévotement le signe de la croix en passant devant la niche d'une madone, devant un crucifix, en entendant l'Angelus ou l'Ave Maria ; beaucoup portent le scapulaire ou des amulettes, ou sont effrayés tout le jour s'ils ont rencontré un bossu. Après cela les physiologistes feront bien d'étendre la sphère de leurs études, de classer leurs sujets, de distinguer entre races et familles, et de songer aussi que ces pratiques barbares sont comme un lointain souvenir des massacres humains dans les arènes, des gladiateurs s'égorgeant pour la distraction du bon peuple de Rome. Alors le vaincu attendait anxieux le signe fatidique, le « pollice verso », l'arrêt de sa mort.

VII

LE MONT DES BRIQUES. — DU HAUT DU JANICULE,
LA CAMPAGNE DE ROME ET LA MALARIA. —
QU'EST-CE QUE L'AGRO ROMANO? — LA FOLIE
DES GRANDEURS.

Une des curiosités de Rome, que les étrangers voient en passant quand ils se rendent à la magnifique basilique de Saint-Paul, c'est le mont Testaccio, composé uniquement de débris de briques et de céramique, d'objets en terre cuite et autres. Qu'est-ce donc que ce prodigieux amoncellement d'objets ayant appartenu à ce qu'on appelle la «casse» au foyer domestique? Une fort aimable dame, très érudite, et qui connaît la ville éternelle mieux que les ciceroni ou les guides imprimés, a attiré mon attention sur cette montagne curieuse, de laquelle on a retiré des briques portant la firme des fabricants, on en a compté plus de 2000. Or, comme il est impossible, malgré sa population nombreuse, que divers historiens portent même aux temps de splendeur à 1 million et demi d'habitants, comme il est impossible, dis-je, que Rome ait compté deux mille fabricants, sans compter ceux dont l'adresse et la marque de fabrique se sont perdues, il faut admettre que le Testaccio a été pendant des siècles le lieu où on a accumulé la casse, la vaisselle maladroitement manipulée par la domesticité romaine. Comme ce prodigieux amoncellement de matières poreuses est devenu de par les lois physiques un gigantesque rafraîchissoir, une sorte d'alcarazas monstre, d'intelligents marchands de vin ont songé à l'utiliser pour conserver les vins. Il y a donc dans cette montagne de vaisselle, d'amphores et de terre cuite, de grandes caves, servant d'entrepôts de vins. C'est là que vient la population romaine, surtout pendant les belles journées d'automne ; on y boit le vin de Velletri, l'Asprino, le Chieti et bien d'autres, on y mange les marrons rôtis, on y entend retentir la guitare, on y danse la *saltarella*, variété de la *tarentella* des Napolitains et Calabrais. Et comme autrefois il était défendu, sous le régime de Son Éminence le Cardinal Vicaire, préfet de police, de danser à Rome, on se trémoussait au son du tambourin sous les fraîches voûtes du Testaccio. Le mont Testaccio n'est du reste qu'une grosse verrue, dominant à peine les quartiers voisins, les guides ne le mentionnent même pas tous. C'est un oubli, une lacune regrettable.

C'est du mont Janicule que la vue est vraiment belle, c'est de là-haut qu'on jouit d'un panorama merveilleux. Rome s'étend sous vos pieds avec ses 400 églises — et on en construit toujours — avec ses innombrables palais, ses coupoles, ses terrasses se perdant à l'horizon. Le Tibre est là, majestueux, reflétant ici ou là les berges crevassées et rougeâtres de ses rives. Le mont Janicule est le plus élevé, le plus étendu de l'ancienne Rome. Ancus Martius y avait construit un fort, une citadelle sous prétexte de protéger la navigation du Tibre. C'est au mont Janicule que Porsenna vint s'établir lorsqu'il tenta la restauration des Tarquins. C'est en ces parages que Mucius Scævola et Horatius Coclès se dévouèrent. Aujourd'hui les Romains imiteraient moins les héros de leur histoire, ils se contentent de donner leur nom à leurs enfants ; un industriel a même établi sous le nom de Mucius Scævola un petit restaurant d'été dans les jardins du bas de la colline, avec théâtre pour les convives. On voit là-haut, outre la vue, bien des choses curieuses, une collection de bustes martiaux ; ce sont, à partir du général Lamarmora, tous les officiers qui se sont distingués dans la création du corps des *bersaglieri*!! Hélas, la science de la guerre a fait de tels progrès, la chimie est si avancée, la poudre sans fumée va devenir d'un usage si général, que le corps des *bersaglieri* est bien menacé de s'éteindre avec notre siècle. Disons en passant que ce sont de jolis soldats alertes, vigoureux, un peu éclipsés par les troupes alpines, qui n'abusent pas de la plume et se contentent d'en porter une seule, mais d'aigle, au chapeau. On voit aussi la villa Pamphili où l'état-major de Garibaldi était installé en 1849 pendant le siège de Rome par le général Oudinot. Du haut du Janicule, on a sous les yeux le panorama tout entier de la ville éternelle, de l'Agro Romano et de la grande ceinture de montagnes qui en forme d'un côté le cadre, tandis que de l'autre c'est la mer et son horizon infini. On voit le Tibre disparaître au loin dans les vastes plaines marécageuses où il se perd. Tivoli, Frascati, Albano, Marino, puis les villes du pays des Volsques forment des taches blanches dans les montagnes bleues, les Sabines au centre, et à gauche la grande chaîne des Apennins, qui paraît comme l'épine dorsale de ce continent.

Comme j'ai eu l'occasion de le dire, en approchant de Rome, on est tout étonné de ne pas voir tout ce qui en d'autres pays signale l'approche d'une capitale, d'une grande cité, d'un centre actif. C'est comme l'enveloppe rugueuse qui cache un fruit, le cadre sombre d'un tableau. Jamais contraste plus frappant ne se présenta entre cette capitale habitée, gouvernée par la hiérarchie de la chrétienté et de sa civilisation, puis par le gouvernement d'une nation importante, et ces habitants des campagnes de l'Agro Romano qui vivent presque toute l'année au grand air, au milieu de troupeaux de bœufs, de chevaux presque sauvages et de moutons. Ces bœufs qu'on amène par troupeaux aux abattoirs de Rome sont même si peu domestiques, qu'on voit sur les routes d'accès à la ville de petits abris protecteurs, barrières derrière lesquelles on se réfugie quand quelque ruminant affolé se détache du troupeau et menace les passants. Est-ce que l'Agro Romano, la campagne de Rome, a toujours été ce qu'elle est, les Romains tenaient-ils à avoir autour de leur capitale un terrain libre, une zone inculte, un dernier champ pour disputer à l'ennemi, à l'envahisseur, au barbare leur immense métropole ?

Cette grande cité admirablement placée pourvue d'eau que neuf aqueducs ayant 480 kilomètres de longueur amenaient dans la ville, merveilles de patience, de travail, de solidité et même d'art, avait une eau saine et abondante à sa disposition, et après 2000 ans les populations jouissent encore de ces bienfaits, alors que la campagne de Rome n'est pas même drainée. La ville impériale communiquait avec les provinces les plus éloignées du centre, avec l'orient et l'occident, avec le nord et le sud par des voies larges, chaussées, admirablement entretenues, d'une longueur de plusieurs milliers de kilomètres, et la campagne de Rome n'a que des chemins et des sentiers perdus dans la végétation. Partout dans ce désert le silence et la solitude, à part des troupeaux, et de loin en loin quelque ruine ou une maison dont on ne peut deviner la destination, on ne voit rien qui accuse la présence de l'homme. Les princes romains préféraient se tailler des jardins et se faire construire des villas dans la ville même, ils dédaignaient l'Agro Romano et craignaient les fièvres paludéennes qu'on a appelées la malaria. Ce mal, indéfinissable quant à ses causes, fait des ravages jusque dans la ville de Rome. On a planté un peu partout l'eucalyptus, on en voit de véritables pépinières sur certains points de la campagne, surtout aux abords des gares et stations. Il faut bien protéger ceux qui sont obligés de vivre dans ces solitudes. La malaria fait bon an mal an d'innombrables victimes, elle est toujours menaçante, personne n'est certain d'échapper à son influence subtile ! Les savants ne sont pas d'accord, les uns prétendent que la malaria a toujours existé et a empêché la culture rationnelle du sol, d'autres objectent que c'est justement l'abandon de la culture qui a provoqué les émanations perfides et favorisé l'extension du mal. Pour d'autres c'est le mode de vivre des populations clairsemées en ces campagnes qui est en cause. On voit ici et là des bergers couchés sur le sol gardant leur troupeau, à quelque distance, une sorte d'abri primitif composé de branches entrelacées, couvertes de chaume ou de mottes d'herbe pressées ! Et ils passent la nuit sous ces abris ! Les troupeaux ne connaissent ni écurie, ni étable, ils vivent à l'état presque sauvage. Tous les gouvernements qui se sont succédé à Rome ont eu à s'occuper de cette question, aussi bien les papes que les rois et même Garibaldi, qui rêvait lui aussi le retour à l'Italie de ces territoires irredente. Il aurait volontiers accepté, après tant de batailles et d'aventures, le poste de directeur d'une grande compagnie par actions, mais Garibaldi avait vieilli et lui aussi se heurta à l'obstination des 250 à 300 propriétaires de l'Agro Romano qui, imbus de routine, préfèrent sous-louer leur part à des fermiers, qu'on appelle des *mercanti* de campagne. Ces derniers arrivent sur place avec tout l'attirail et les troupeaux, ils font l'élève, ils vendent le foin, qui rapporte 3 %, et ils se garderaient bien de rien changer aux habitudes et traditions du pays. Cette question de l'Agro Romano a tenté des industriels intelligents, il aurait fallu coloniser, travailler, drainer, remuer le sol, et pour cela l'élément étranger eût été utile. Les papes n'en voulaient pas, les indigènes leur donnaient suffisamment de souci! Ces gens venus du dehors auraient importé, qui sait? des habitudes moins orthodoxes, des idées subversives, et il fallait veiller à la pureté des mœurs religieuses. Quoi qu'il en soit, l'Agro Romano est encore aujourd'hui tel qu'il était sous les papes. Les *mercanti* de campagne ne sont loueurs du sol que pour un temps trop court, ils ne veulent pas faire les frais de travaux de longue haleine, dont profiterait seul le locataire, et tout va à la dérive; les plantes parasites envahissent, chassant les plantes fourragères, et le problème reste à résoudre. Mais ce n'est pas tout, les populations de ces solitudes tournent peu à peu à l'état primitif, l'isolement, l'abandon, les salaires dérisoires, la mauvaise nourriture, les abris insuffisants, l'absence totale non pas de confort, mais des conditions ordinaires de salubrité, d'hygiène, l'eau des marécages pour la cuisson de la farine de maïs et pour désaltérer, telles sont les causes de dégénérescence qu'on ne saurait nier.

Pendant l'été le nombre des gens qui vivent dans l'Agro Romano est relativement réduit : en automne, au printemps et en hiver il descend des montagnes de nombreuses familles qui s'établissent sous des abris qui ne les protègent ni contre le vent, ni contre la pluie ou le brouillard. Ces gens sont organisés pour le travail sous la conduite de piqueurs qu'ils choisissent et qu'ils nomment des *caporali*. Les salaires sont en rapport avec les conditions générales du pays, ils sont misérables, et cependant ils tentent encore les montagnards qui accourent même des vallées volsques, abruzziennes, de l'Apennin et des Sabines pour travailler pendant six ou sept mois. Le mercanti loge et nourrit son monde : pain, *polenta,* fromage de *peccorine* (brebis), eau rougie et quelques oignons. Un économiste romain, M. T. Crudeli, raconte qu'en 1879 quarante ouvriers se rendirent de Casalviani à Giardino près du Lac Salpo pour y couper les foins. La plupart rentrèrent chez eux atteints par la malaria, quatre moururent dans le courant de l'été. L'année suivante quatre-vingts de ces ouvriers des montagnes forts et robustes descendirent dans la plaine, on leur distribua chaque jour deux milligrammes d'acide arsenical ; ils n'eurent que quatre malades qui se rétablirent promptement. Les gens qui habitent en permanence l'Agro Romano sont pour la plupart des bergers, puis les *butteri*, ces gardiens qu'on voit chevaucher dans la plaine, vêtus en été de leur joli uniforme, couverts en automne et en hiver de leur manteau à grand col. Ils sont montés sur d'ardents étalons noirs aux queues traînantes, ils portent une grande lance, destinée à écarter les bœufs et quelquefois les buffles qui quittent le troupeau et se trouvent sous leurs pas. La campagne de Rome n'est pas, à ce qu'on pourrait croire, une plaine dans toute l'acception du mot, elle a ses ondulations, ses élévations du sol, ses sites pittoresques. Ici un ravin, des rochers dans lesquels fleurissent d'innombrables cyclamens aux fleurs inodores ; dans le pays on nomme cette fleur si gracieuse, si poétique: le porcipane (pain des porcs), probablement parce que ces voraces pachydermes en recherchent les bulbes cachés sous le sol. Ici et là des chardons, des plantes sèches et cassantes couvertes d'innombrables petits escargots. On voit parfois surgir à l'horizon, comme un énorme champignon, quelque ruine rougeâtre, qui a défié les siècles, un reste d'aqueduc, un tombeau romain, un ruisseau coulant entre les saulaies et les roseaux; quelque oiseau d'eau, un alcyon, un merle d'eau, un petit échassier s'échappe, battant de l'aile. Une alouette s'élève dans le bleu firmament, lançant en tournoyant dans l'espace sa joyeuse note dans la monotonie de la nature. Un chasseur passe boué, crotté, harassé, cherchant de l'œil la route, une oasis dans cette solitude.

L'Agro Romano est composé de deux zones principales, la partie supérieure dont le sous-sol est composé de roc de diverses périodes géologiques s'élevant au-dessus du niveau de la mer et couvert d'une couche plus ou moins épaisse d'humus, puis la région du cours du Tibre qui a formé autour de lui une zone d'alluvions. La partie supérieure de l'Agro Romano compte

113,024.50 hectares et la région de la mer 91,326.50 hectares. La superficie totale de la campagne de Rome est donc de 204,351 hectares, subdivisés d'après leur culture, chiffres approximatifs naturellement, en 95,000 hectares de champs et jardins; 12,000 hectares de prairies; 54,000 hectares de terrains vagues; 2200 hectares de vignes; 1143 hectares en lacs et marécages et 40,000 hectares en forêts et broussailles. Ces chiffres varient continuellement en raison du fait que des champs sont abandonnés, et d'autres parties du pays sont défrichées et ensemencées selon les exigences ou les caprices des *mercantis*. Avant l'entrée des Italiens à Rome, les 204,351 hectares de l'Agro Romano appartenaient à 396 propriétaires; leur nombre a dû augmenter, notamment aux environs de Rome. On prétend que depuis les Romains le climat de la campagne de Rome a beaucoup changé et qu'alors les hivers y étaient rigoureux. Cela ne paraît guère probable, les Romains avaient déjà le vin du Latium; quant à certains fruits comme l'orange, le citron, le limon, on ne pouvait les connaître puisque ce n'est que quelques siècles après les Romains, que leur introduction en Europe a eu lieu à la suite des Maures. Les espèces de plantes fourragères si abondantes dans nos prairies, le sont beaucoup moins dans la campagne de Rome ; les botanistes en ont compté au plus 150 variétés, alors qu'au Colysée, dans ce gigantesque amas de pierres taillées, on en compte 200 espèces. L'élève du bétail dans ces conditions est absolument commandée ; pendant les siècles derniers, ce dut être la principale ressource des propriétaires, car on voit encore de vastes abris pour le bétail, qui tombent en décrépitude, mais qui témoignent néanmoins de l'importance de l'élevage d'autrefois.

Actuellement les savants, les économistes, les hommes d'Etat sont divisés au sujet de l'Agro Romano, en deux camps. Les uns prétendent qu'il y aurait quelque chose à faire, qu'en appelant la science à son aide, on pourrait ou rendre à la prospérité ces vastes campagnes, si jamais elles ont été fécondes, ou les arracher à leur somnolence actuelle. Les autres, et on serait disposé à leur donner tort, disent que l'homme est impuissant à réagir contre les lois de la nature, le sol serait improductif et ce serait peine perdue que de chercher à lui donner artificiellement ce que la nature lui a refusé. A cela on peut répondre que le sol de la campagne de Rome n'est nullement stérile, il est d'un beau vert velouté au printemps, il produit un grand nombre de variétés de plantes, et si les unes peuvent vivre, pourquoi les autres périraient-elles ? Quelques propriétaires moins indolents que d'autres ont fait exécuter des travaux intelligents. Citons le cardinal d'Este qui a fait le canal qui écoule les eaux sulfureuses dites « Acqua Albula », la famille Borghèse qui a fait écouler une partie des eaux du lac Sabino dans l'Osta, la famille Chigi qui a amené les eaux du lac Baccano dans la vallée de la Valca. Tous ces travaux, bien que considérables, n'ont eu qu'une influence circonscrite et il faudrait une autre direction d'ensemble pour obtenir des résultats évidents. Des travaux d'ensemble dépasseraient tellement l'importance du parti qui pourrait être tiré du sol, qu'un propriétaire, quelle que soit sa fortune, hésitera toujours à s'engager dans de grands travaux. Le gouvernement italien, après avoir pris conseil des commissions spéciales composées de savants, de personnes compétentes, entendues, de techniciens, d'agronomes, de naturalistes et de médecins, a divisé l'Agro Romano, en ce qui concerne les travaux à exécuter, en deux grands groupes : Le premier comprend les parties à dessécher, le second concerne celles à drainer. L'État n'a pas eu la prétention de rendre d'un coup la campagne de Rome à l'agriculture et à la production, il a voulu seulement donner une impulsion à l'initiative privée, aux propriétaires. Il s'agit de creuser d'innombrables canaux, d'introduire un peu partout des arbres et arbustes, comme le saule, l'aune, l'eucalyptus, qui aiment un terrain humide. Il y aurait lieu aussi de favoriser l'installation de colons, de cultivateurs, sur tous les points où il n'y a pas danger de s'établir. Mais pour faire tant de choses, il faudrait non seulement l'acquiescement des propriétaires, mais leur empressement à seconder l'autorité ; or c'est justement en ceci qu'on se heurte à une quantité de difficultés qui deviennent insurmontables. La question financière, la question sociale, la politique sont en jeu. Le gouvernement italien entreprend beaucoup de choses qu'il ne sait ou qu'il ne peut conduire à bien, il porte toute son attention sur des questions qui l'occupent, le préoccupent et l'empêchent de se vouer à celles ayant un intérêt bien plus éminent, bien plus urgent. Il veut civiliser l'Abyssinie et posséder des colonies, il construit à grands frais des routes militaires en Afrique, il dépense des millions et occupe des milliers de bras dans ces pays calcinés et sans avenir, alors qu'aux portes de la capitale, ô ironie!, c'est presque le désert qui s'ouvre aux yeux étonnés. L'Agro Romano a dû être autrefois, sinon un jardin délicieux, tout au moins une campagne plus féconde que celle d'aujourd'hui. Les invasions des barbares, les guerres du moyen âge, puis le régime de l'Église ont fait de la campagne de Rome ce qu'elle est. Quand on songe que plus de 250,000 Italiens, hommes, femmes, enfants, quittent chaque année l'Italie, fuyant ce sol fertile, cette terre féconde, on est fondé à dire que quelque mal caché échappe à la vue. Le roi Humbert paye au fisc italien le 51% de ses revenus, le peuple est écrasé de charges et d'impôts, l'activité humaine est paralysée, les contribuables cherchent à échapper aux exactions du fisc. L'impôt doit être mal établi et mal réparti, c'est là que la science, la sollicitude, l'ardeur devraient se déployer ! Il part de Naples, de Palerme et de Gênes, chaque semaine, un vapeur chargé de familles qui vont dans la République Argentine, au Brésil et dans les autres États de l'Amérique du Sud, chercher sinon la fortune, tout au moins la paix, la tranquillité, la sécurité dans le travail. Pourquoi ? C'est ce pourquoi que les hommes d'État italiens devraient définir, au lieu de gaspiller des millions en vue d'affirmer une prépondérance artificielle, au lieu de poursuivre une politique qui tient de la folie des grandeurs.

Si jamais l'Italie est gouvernée par un homme bien sage, bien intelligent, il répondra à ceux qui veulent aller à Trente et Trieste. D'accord, mais avant, entrons d'abord dans l'Agro Romano.

VIII

DE ROME A NAPLES. — QUELQUES PAGES D'UNE HISTOIRE PEU CONNUE.

Les trains rapides qui effectuent le service postal entre Rome et Naples franchissent la distance qui sépare ces deux villes, soit 260 kilomètres, en moins de six heures. Le train roule rapide à travers l'Agro Romano, puis il entre dans une large vallée entre la chaîne des Volsques et celle des Sabines. La vallée est couverte de vergers et de vignes, de fermes et de domaines, ce sont des jardins potagers, des champs cultivés, des coteaux couverts de figuiers, d'oliviers et de vignes enlacées autour des peupliers qui leur servent de soutien et d'appui. A gauche on aperçoit juchées sur des rochers qui paraissent inaccessibles des villes aux maisons blanches, aux terrasses et coupoles, c'est d'abord Velletri, puis une quantité de noms qui sont historiques et rappellent les étapes des armées. Le pays est magnifique, les montagnes vues à distance paraissent bleues, vues de près elles sont fort arides et d'une teinte jaunâtre qui attriste. C'est dans cette large vallée que Garibaldi s'était engagé au printemps de 1849, alors que Pie IX, réfugié à Gaëte, avait abandonné ses États à la République romaine. Ferdinand II ayant vaincu la révolution dans ses propres États, un an auparavant, n'avait pas à craindre un soulèvement, il avait laissé déployer aux sanfédistes un tel zèle que les prisons du royaume regorgeaient de prisonniers. On avait exécuté un grand nombre de patriotes, les autres étaient dans les casemates des bagnes, à Nisida et dans l'île de Pons, ou bien dans les oubliettes de Sainte-Marie Apparente. Pœrio, ancien ministre, Settembrini et bien d'autres étaient au bagne enchaînés à un compagnon d'infortune, et c'était généralement un assassin, un bandit, un criminel de droit commun. L'avant-dernier des Bourbons de Naples avait à ce point terrorisé le royaume, que personne n'osait plus s'occuper de politique. Ferdinand II pouvait donc sans grande inquiétude marcher contre Garibaldi qui menaçait ses propres États et s'était avancé jusqu'à San Germano et même jusqu'aux environs de Roccasecca. Il y avait bien l'insurrection de Sicile, mais d'excellentes troupes et le 4º régiment suisse se chargeaient de rétablir l'ordre dans l'île. Elle avait failli lui échapper, car un moment on avait songé à la céder à un prince de la maison de Savoie. Ferdinand II avait feint de souscrire à cette combinaison, puis brusquement il avait revendiqué ses droits sur l'île.

L'armée napolitaine ayant à sa tête Ferdinand II et son frère le prince Louis marchait par étapes à la rencontre de Garibaldi; cette campagne ne fut pas longue, l'armée napolitaine se heurta à Velletri à l'armée de la République, et si elle ne fut pas victorieuse, elle ne fut pas trop battue. Voici du reste le récit d'un soldat, le vieux bonhomme est actuellement portier dans un palais de Rome, il avait le goût de l'uniforme et il est resté dans son rôle :

« Nous venions d'arriver à San Germano que Garibaldi venait de quitter, les paysans en avaient une peur atroce, on les avait épouvantés, les curés disaient que les républicains voulaient tout piller et dévaliser, et qu'ils devaient cacher leurs objets précieux. Alors les femmes emplissaient des paniers de leurs bijoux, leurs objets précieux d'or ou d'argent et les cachaient dans la campagne.

Le superbe couvent de Monte Cassino avait été complètement dégarni. L'armée napolitaine passa huit jours dans les environs de San-Germano, on avait trouvé dans la ville des affiches placardées par les républicains : elles recommandaient la patience aux citoyens, elles engageaient les jeunes gens valides à quitter villes et villages et à se joindre aux bandes qui battraient les armées des tyrans. La chaleur était étouffante et l'armée napolitaine, pesamment chargée, avait beaucoup à en souffrir. Les soldats jetaient sur la route ce qui pesait trop dans leur sac. Toute l'armée avança jusqu'à Roccasecca aux environs de la frontière romaine. Un conseil de guerre fut tenu par le roi sous un bouquet de pins, l'armée reçut l'ordre de charger les armes et elle fit son entrée à Ceprano, petite ville romaine à quelques pas de la frontière. C'était le jour de la Fête-Dieu en 1849. Les troupes avaient assisté à un service religieux. L'aumônier d'un régiment, monté sur un tonneau, adressa aux troupes cette éloquente allocution : « Mes enfants, vous êtes les instruments que Dieu a choisis pour châtier les impies, vous êtes les défenseurs de la sainte cause, si vous mourez, le paradis vous est ouvert, l'enfer et les flammes attendent l'ennemi. » Les corps de musique jouèrent l'élévation et les troupes reçurent la bénédiction. Tant que les troupes royales avaient été sur territoire napolitain, les choses allaient bien, mais dans les États romains c'était autre chose. Les murs des maisons étaient couverts de placards « Vive la République romaine » ou « A mort les Caffoni! » Ceprano était comme abandonné, tout était fermé, un boucher seul qui fournissait de la viande aux troupes avait ouvert son étal. L'armée royale s'ébranla encore et poussa jusqu'à Rocca d'Arce. Elle prit possession de la contrée au moment où les Garibaldiens se disposaient à manger la soupe. Ils avaient tout abandonné sur place, les bidons fumaient, et outre la soupe, les soldats s'emparèrent d'une quantité d'objets d'équipement et d'armement: baïonnettes, sabres, gamelles, sacs, etc. Le lendemain, Ferdinand II et les troupes entraient à Ferentino. Les troupes républicaines venaient encore d'évacuer la place, lorsque les royaux y entrèrent. Dans les cantonnements la paille était encore chaude, on trouva des tonneaux remplis d'effets, souliers, casquettes. Ferentino est bâti sur une colline, au centre de la ville se trouve une place, sur laquelle les républicains avaient planté un arbre de la liberté, il était surmonté d'un drapeau aux trois couleurs. Chose étrange, les troupes appelaient ce drapeau le drapeau constitutionnel. C'est là qu'un parlementaire de l'armée républicaine fut amené. Il avait une veste bleue, sur les manches deux galons d'argent et il portait un pantalon gris. Un colonel déchira la lettre et remettant les morceaux, il dit au parlementaire « remettez cela à Garibaldi ». Puis s'adressant aux grenadiers, il leur dit: « Allez mes enfants, reconduisez-moi cette espèce de sergent ! » Des sapeurs reçurent l'ordre d'abattre l'arbre de la liberté, et beaucoup de soldats protestèrent et traitèrent les sapeurs de gueux et mauvais drôles. A partir de ce jour, à tout instant on désarmait des déserteurs. Quand les troupes les apercevaient, elles leur faisaient signe d'approcher, leur demandant s'ils voulaient servir le saint-père. Eux, expressifs comme tous les Italiens, prenaient leur chapeau pointu, autour duquel il y avait un petit ruban, une plume verte et cinq boucles d'acier, et ils arrachaient la cocarde tricolore, la jetaient à terre et crachaient dessus. Ils s'empressaient de la remplacer par une cocarde jaune et blanche, celle du pape et des Bourbons. On leur donnait un laisser-passer et ils partaient pour aller rejoindre le pape à Gaëte. Il y avait aussi des chasseurs à cheval en pantalons verts, coiffés d'une petite casquette, armés de carabines, de pistolets et d'un grand sabre droit, dit latte. Un jour il en arriva trente-deux au couvent de Fontanello, où étaient cantonnée la garde. Tous étaient montés sur de bons chevaux, ils ne firent aucune difficulté pour se rendre à Gaëte. Tous ces soldats, les émigrés, les Espagnols envoyés par la reine d'Espagne, rentrèrent avec Pie IX à Rome après le bombardement qui dura vingt-huit jours.

« Quand on surprenait des Garibaldiens, alors les choses se passaient autrement, on les envoyait au 2ᵉ régiment de hussards, des sapeurs faisaient un trou en terre et les hussards les tuaient à coups de carabine ou leur brûlaient la cervelle avec leurs pistolets. Parmi ces Garibaldiens il y avait toute sorte de monde, beaucoup de jeunes gens et des enfants qui ne s'attendaient guère au sort qui leur était réservé. Les hussards disaient que généralement ils ne disaient rien, quand on voulait les questionner, et lorsqu'ils mouraient, ils criaient: « Vive la République! » La discipline est bien sévère, en campagne surtout, et c'est juste, parce que sans discipline, tout serait dévalisé et les populations auraient fort à souffrir. Un jour, dans la bourgade de Sant-Abatto, les hommes de garde dans une chapelle trouvèrent une caisse cachée par le curé, elle contenait des objets du culte, dont ils s'emparèrent. Le gardien, un nommé Raffaëlo, avait bien vite dénoncé la chose. La garde avait été relevée, et une enquête fut faite. Le surlendemain, toutes les troupes furent amenées sur la place, elles formèrent le carré, il y avait là un régiment suisse, puis l'artillerie et les hussards. Le procès fut vite terminé : quatre soldats furent condamnés à cent coups de bâton, deux furent envoyés aux galères pour douze ans et le sergent fut condamné à être fusillé. Quand le jugement fut lu, on apprit que le vol consistait en quelques objets d'église en étain doré. Sur la grande place tout était fermé, on entendait les cinq cloches de l'église sonner le glas des agonisants. Le sergent, c'était un Suisse, disait : « Mais je suis innocent, je dormais ! » Le malheureux ! il avait des galons de sergent et il dormait ! Les gens de l'endroit étaient consternés, plus tard quand des soldats les rencontraient, ils leur disaient : Vous êtes de braves gens, et si on était gouverné avec autant de bonne foi que vous en avez, on serait heureux et on ne voudrait pas de la république, mais soyez tranquilles, Raffaëlo, le dénonciateur, celui qui a fait fusiller votre sergent, a été condamné, douze cappacci ont juré de lui faire son affaire. Peu de jours après, on savait dans la ville que le dénonciateur avait été trouvé sur les marches de l'église, baigné dans son sang, il était mort une demi-heure après.

« L'armée royale avait fort à souffrir dans cette confusion universelle. Le gouvernement en avait profité pour écouler les approvisionnements vieux de dix ans qui encombraient les magasins, fromage rempli de vers, biscuit moisi. Et quand les soldats se plaignaient, les chefs répondaient : Que voulez-vous, à la guerre on ne peut pas toujours manger des ortolans !

« Les soldats qui faisaient le service de sûreté aux avant-postes, entendaient gronder le canon : Ce sont les Français qui assiègent Rome ! disaient les hussards qui étaient bien informés, car ils étaient toujours près de l'état-major. Le soir, quand la lumière du jour était moins vive, on voyait depuis les éminences se détacher une ligne claire, c'était Rome, avec sa grande coupole de Saint-Pierre, et des yeux les soldats cherchaient à percer l'immense horizon.

« Un jour, vers 5 heures du matin, les avant-postes de Frosinone signalèrent la canonnade à laquelle succéda une vive fusillade. Toute l'ar-

mée fut en émoi, sur toutes les collines, des
hussards, sabre au poing, immobiles, écoutaient
le bruit d'un combat. A perte de vue, vers
Velletri, on voyait des nuages de fumée blanche
flotter à l'horizon. Pendant tout le jour le bruit
continua, se rapprochant ou s'éloignant. En
plaçant l'oreille à terre, on entendait des bruits
confus, comme si aux détonations se joignaient
des milliers de voix humaines. Les états-majors
étaient inquiets. Il y avait eu bataille ! mais
comment s'était-elle terminée ? Ce n'était plus
une fausse alerte, la canonnade et la fusillade
avaient duré tout le jour. La nuit descendit sur
la campagne, sur les collines aux confins de
l'horizon brillaient des feux. Tout à coup l'ordre
vint de marcher sur Vezzano. Hussards, pon-
tonniers, chasseurs à cheval, artillerie, tout cela
marchait en arrière ; c'est à Vezzano que les
troupes qui s'étaient battues à Velletri rejoi-
gnirent l'arrière-garde. Lanciers, chasseurs,
artilleurs, muletiers, puis la garde royale aux
grands bonnets à poil accrochés derrière leur
sac, avec leurs épaulettes rouges, leurs enfants
de troupe qui jouaient du fifre à côté des tambours, passèrent et vinrent encombrer maisons,
chaumières, étables et jusqu'aux moindres abris.
Ces troupes avaient pris part à la bataille qui

avait duré quatorze heures. Le roi Ferdinand avait commandé la bataille ; Garibaldi, monté sur un cheval blanc, animait les siens, ses lanciers avaient chargé un bataillon de chasseurs de la garde, ils étaient presque tous tombés. Alors le prince Louis, comme Napoléon à Waterloo, s'était écrié: « Faites donner la garde ! » Et la garde royale avait donné, mais elle avait beaucoup souffert, elle ramenait une masse de blessés. Le soir tout était en pleine retraite et les feux vus sur les hauteurs étaient ceux des bivacs abandonnés par les troupes royales. »

Tel est le récit par un témoin oculaire, dont le témoignage par conséquent ne saurait être suspect, de cette campagne historique bien peu, connue et qui n'est pas une des pages héroïques de l'histoire militaire des armées napolitaines.

IX

QUELQUES NOTICES SUR L'HISTOIRE DE NAPLES. — LA MULE BLANCHE. — LA RÉVOLUTION FRANÇAISE. — L'AMIRAL NELSON ET SES FAIBLESSES. — FERDINAND, LIBÉRATEUR DE L'ITALIE. — CHAMPIONNET, LE PREMIER GÉNÉRAL RÉPUBLICAIN QUI DÉTRÔNE UN ROI. — LA RÉPUBLIQUE PARTHÉNOPÉENNE. — RETOUR DE FERDINAND. — MURAT. — LE CARBONARISME.

La ville de Naples a pour armoirie un étalon nu, tête relevée, lancé, comme s'il allait bondir, mais la grande cité n'a guère eu dans l'histoire une vie municipale bien active. Dans la résidence de tant de maîtres, de tant de rois, la politique générale, les intérêts de l'état l'ont toujours dominée et fait taire toute préoccupation locale. L'histoire de Naples en effet n'est qu'une interminable suite de drames, de violences, de luttes, de compétitions. De 1799 à 1815, les Napolitains ont eu successivement cinq régimes politiques: les Bourbons, la République parthénopéenne, le roi Joseph, Joachim Murat, puis de nouveau Ferdinand !

En 1759 don Carlos, roi de Naples, fut appelé au trône d'Espagne. Son fils aîné étant idiot, le second fut déclaré héritier présomptif de la couronne d'Espagne, le troisième succéda à son père comme roi des Deux Siciles, il avait huit ans. « Le plus sensible inconvénient du gouvernement d'un seul, dit J. J. Rousseau, est le défaut de cette succession continuelle qui forme dans les autres une liaison non interrompue. Un roi mort, il en faut un autre ; les élections laissent des intervalles dangereux ; elles sont orageuses ; à moins que les citoyens ne soient d'un désintéressement, d'une intégrité que ce gouvernement ne comporte guère, la brigue et la corruption s'en mêlent. Il est difficile que celui à qui l'État s'est vendu, ne le vende à son tour, et ne se dédommage pas sur les faibles de l'argent que les puissants lui ont extorqué. Tôt ou tard tout devient vénal sous une pareille administration, et la paix dont on jouit alors sous les rois est pire que le désordre des interrègnes. »

Dès que Ferdinand fut monté sur le trône, le parlement fut convoqué et le vice-roi prêta serment à la constitution. L'éducation de Ferdinand fut remise au duc de San Nicandro, tandis que le chef du conseil fut le professeur toscan Tanucci, élève du jurisconsulte Filangieri. Cet homme de bien ne put songer à détruire la constitution féodale, et il tenta en vain d'arracher des concessions aux nobles. Ils étaient possesseurs de la chasse, de la pêche, des fours et des moulins; c'était eux qui nommaient les juges et gouvernaient les villes; pour eux les premières moissons, les premières vendanges; pour eux les olives, la laine et la soie; pour eux le péage, la gabelle, le décime et les services féodaux.

En somme, les peuples étaient vexés, le trésor vide, et la royauté sans force. A côté de cela, le clergé avait lui aussi sa toute-puissance. Tanucci supprima des monastères, il régularisa la collation des titres, et diminua le nombre des prêtres. L'interdiction à l'Église de recevoir aucun héritage des morts porta à celle-ci un coup terrible. Tanucci pensait comme Platon, que les mourants ne sont ni entiers, ni sains et qu'il est bon d'empêcher l'effet de certaines influences qui font le désespoir des familles. Tanucci défendit au clergé napolitain de recevoir des sommations de Rome, sans l'autorisation du gouvernement. Enfin il chassa les jésuites et déclara le mariage acte purement civil. C'était beaucoup pour l'époque ! ! Malheureusement les hommes même les mieux doués ne sont pas universels, Tanucci ne s'occupa ni des finances, ni de l'armée, ni de l'économie nationale. En ce qui concerne l'expulsion des Jésuites, il y a lieu de faire observer que c'est toujours chose grave que d'ordonner à des hommes, qui ne commettent aucun délit, aucun crime prévu par les lois, de quitter un État, alors même que ces hommes sont des jésuites. Mais ici-bas et dans l'histoire tout est relatif. Il faudrait, pour apprécier un événement de ce genre, des développements qui ne peuvent être compris dans un résumé qui n'est que l'introduction pour mieux comprendre le présent.

Ferdinand I avait grandi, il avait épousé Marie-Thérèse, la sœur de Marie-Antoinette, princesse de seize ans, d'une grande beauté, d'une intelligence supérieure, mais d'un esprit inclinant à l'intrigue et à la cruauté. Il s'était constitué à Caserte, à 24 kilomètres de Naples, une colonie dont tous les membres étaient égaux et où le mérite faisait la seule distinction. Ce fut le réveil de la réaction, on s'émut, la lecture des ouvrages de Voltaire fut punie de trois ans de galères. Tanucci n'était plus maître de la situation. La reine avait mis au monde un enfant mâle, ce qui lui donnait le droit de paraître au conseil; elle en profita pour ouvrir la guerre à Tanucci. Un événement assez curieux créa contre le chef du conseil une ligue formidable, celle du clergé. Autrefois les papes entraient au Vatican montés sur une mule blanche fournie par le roi des Deux Siciles, qui avait soin de l'envoyer avec des sacoches remplies de pièces d'or; la mule et son cavalier passaient par une rampe à cordons qui faisait face à l'entrée, cette rampe a été remplacée par l'escalier actuel. C'est Tanucci qui en est cause, le moment était venu d'envoyer la mule blanche; le prince Colinna, grand connétable du royaume, était prêt à partir pour les États pontificaux; mais le chef du conseil se prononça contre la cérémonie, c'est-à-dire, en attendant, contre la forme. Le roi ne put s'empêcher de reconnaître que son ministre relevait le prestige de la royauté. L'année suivante lorsque la mule et les pièces d'or furent remises au pape, on eut la précaution de faire observer que c'était un cadeau courtois et non un tribut de vassal. Pie VI refusa la prestation sous cette forme, il l'acceptait en vertu de l'adage « bienvenu qui apporte » comme un hommage de son vassal.

Cette affaire fit un bruit énorme dans le

monde de l'Église et en 1788 Ferdinand renonça à envoyer la mule blanche, il se borna à remettre en particulier sept mille ducats à titre gracieux. Le pape se fâcha et le roi de Naples aussi, et depuis lors il ne fut plus envoyé ni mule ni ducats. Le professeur Tanucci, bien que fait marquis, ne pouvait plus tenir tête à l'orage, et du reste, sans lui demander son avis, on le congédia.

La Révolution française était faite, le bruit universel de ce grand événement qui troubla le monde ne pouvait passer inaperçu à Naples, les populations du royaume s'agitaient, le roi et la reine prirent peur, recoururent aux moyens connus : les prisons s'emplirent de suspects, l'échafaud et la potence étaient en pleine activité. La reine ordonna des barbaries qui justifieraient l'accusation portée contre elle d'avoir fait assassiner des commissaires français à Rastadt. Tout ce qui portait un nom français lui était odieux, elle était secondée par l'aventurier Acton et par l'amiral Nelson, lequel, amoureux fou d'une courtisane, faisait pour elle toutes les bassesses qu'inspire une passion désordonnée.

L'armée française s'était emparée de Rome pour venger la mort du général Duphot et les insultes faites à Joseph Bonaparte, ministre de la République française. Au lieu de se fier à la paix conclue le 10 octobre 1796 avec le Directoire, le roi de Naples feignit de se croire menacé. Au bruit de la terrible journée d'Aboukir il perdit ce qui lui restait de tête ; lorsque Nelson entra à Naples, il fut accueilli comme un souverain, Naples s'illumina, il y eut des fêtes splendides, des bals, où les dames de la cour parurent portant des ceintures sur lesquelles on lisait « vive Nelson ! » en lettres d'or. La flotte anglaise occupa le port. Garat, ambassadeur français, quitta Naples pendant que Ferdinand, encouragé par l'Angleterre et l'Autriche, levait une armée pour opérer conjointement avec les Autrichiens. En peu de temps Ferdinand avait 120,000 hommes sous les armes, le roi se donna pour imiter Bonaparte le beau titre de « Libérateur de l'Italie » et la reine Caroline, vêtue en amazone, passa la revue de l'armée. Trois colonnes entrèrent dans les États de l'Église, elles allaient à la défaite.

Championnet avait 37 ans quand le Directoire lui confia le soin de châtier le roi de Naples. C'était un enfant du Dauphiné,

> Fruit d'un auteur anonyme
> Ne connaissant ni parent ni légitime,

comme dirait l'auteur de Vert-Vert, et c'est
pour cela qu'on l'appela dans son enfance *Champignonnet*. Le général commandant l'armée de
l'Italie du Sud était jeune, beau, il avait un
caractère généreux, une taille superbe, une voix
mâle et persuasive, la nature ne lui avait rien
refusé. Aux 60,000 Napolitains, il ne pouvait
opposer que seize mille hommes; mais bien qu'il
eût reçu pour instruction d'évacuer les États de
l'Église en cas d'attaque, il élabora son plan.
Ferdinand entra à Rome le 29 novembre 1798,
la ville s'illumina; il rêvait victoires et batailles,
son illusion était excusable, il avait conclu des
traités avec l'Autriche, l'Angleterre et la Russie,
il était sûr de vaincre. Championnet avait deviné
le plan du roi Ferdinand et il avait pris ses mesures, Nelson devait débarquer une division en
Toscane et soulever les populations sur les derrières de l'armée française. Le général français concentra rapidement ses troupes sur le haut
Tibre, il laissa 800 hommes au château Saint-Ange à Rome, puis, prenant avec lui les principaux patriotes et les autorités républicaines, il
part, promettant au commandant Walter de
venir le délivrer du château Saint-Ange dans les
vingt jours. Ferdinand était loin de comprendre,
il croyait avoir déjà dispersé l'ennemi. Il laissa

commettre des excès horribles, des massacres épouvantables furent commis, le corps du général Duphot fut exhumé et jeté dans le Tibre, l'armée royale et les autorités assistaient à ces horreurs. Les républicains qui avaient eu l'imprudence de rester à Rome furent presque tous assassinés.

Pendant ce temps, l'armée de la République, disposée en quatre corps, battait partout les troupes royales, leur faisant quelques milliers de prisonniers ; les Napolitains fuyaient partout, et les corps de Championnet, convergeant sur Rome, entraient dans la ville, chassant devant eux les arrière-gardes napolitaines. Le délai de vingt jours fixé au commandant Walter n'était pas expiré, il y manquait trois jours et les troupes françaises se présentaient devant le château Saint-Ange. C'est en cabriolet bien attelé que Ferdinand, voyant la tournure que prenait la campagne, quitta Rome par la porte de Cœli Montana pour rentrer dans ses États, où la révolution grondait.

Championnet n'avait fait que repousser l'agression, mais le 6 octobre 1798 le Directoire déclarait la guerre au roi de Naples. Les rôles étaient changés, Championnet se souvint de la promesse qu'il avait faite : « Général, lui avait dit Barras, si la guerre éclate, vous êtes le premier des généraux républicains à détrôner un roi!! Les intentions du Directoire seront remplies» répondit Championnet.

Ce qui se passa dans cette courte campagne d'octobre 1798 au 20 janvier 1799, en moins de quatre mois, est étourdissant : L'armée napolitaine, était chassée de partout, Ferdinand ne comptait plus sur les victoires, il s'était réfugié à Palerme, abandonnant la capitale. Championnet s'était installé à Capo di Monte, les républicains napolitains, battus par les lazzaroni, reprirent l'offensive et culbutèrent cette armée d'un nouveau genre. C'est un spectacle vraiment curieux et qui a peut-être été médité par plus d'un capitaine, que celui de voir ces multitudes indisciplinées, ayant pour chefs un portefaix et un marchand de farine, disputer pied à pied le terrain à des soldats qui avaient battu des armées dix fois plus nombreuses que la leur. Les lazzaroni avaient perdu quatre mille hommes, mais ils se battaient avec le même acharnement, ils avaient retiré des forts plusieurs canons qui furent mis en batterie pendant toute une journée, et ce n'est que lorsque tous les héros qui les servaient furent tombés que la ville de Naples fut enfin au pouvoir du général Championnet. En chef habile, il sut amener à lui les vaincus et leur faire crier : « Vive la République !! » Des détachements furent immédiatement envoyés à Salerne, à Bari, Manfredonia et autres places, et tout le royaume moins la Sicile était subjugué.

Il n'avait pas fallu deux mois pour détrôner le premier roi, Championnet proclama la République parthénopéenne, les drapeaux et les trophées furent envoyés au Directoire. La nouvelle république fut divisée en onze départements et ces départements en districts et communes. Le vainqueur réclama 5 millions de ducats comme indemnité de guerre. L'histoire de Naples pendant l'éphémère régime républicain serait à coup sûr des plus curieuses. Championnet avait la main heureuse, il sut même par les moyens qui ont été révélés obliger la cérémonie de la liquéfaction du sang de saint Janvier à se passer convenablement, c'est-à-dire à démontrer que le saint n'en voulait pas aux Français. Ce fut pour les lazzaroni la démonstration finale et évidente, et de plus le Vésuve, ce « volcan de cabinet » comme on l'appelait, offrit au vainqueur une de ces bonnes éruptions qui sont considérées comme un augure favorable. Tout était au mieux, les deux chefs des lazzaroni avaient été l'objet de distinctions spéciales, Michele il Pazzo (Michel le fou) avait été nommé secrétaire de Championnet, bien qu'il ne sût pas écrire et Pagliuchella avait été fait juge de paix, un grand nombre d'autres personnages eurent des places, et tout aurait été au mieux si la misère n'avait pas éclaté et si tout ce monde de fonctionnaires nouveaux avait été honnête, à la hauteur de la situation et décidé à servir la république. Le royaume de Naples tout entier souffrait de la négligence, de l'incurie et des exactions des régimes précédents; l'industrie était dans les langes, l'agriculture négligée, les ports à moitié ensablés, les revenus de la couronne engagés, la noblesse endettée, le tiers-état était pauvre, le reste demandait l'aumône.

Championnet et ses généraux battaient les armées, prenaient les villes, mais ils n'étaient pas universels, et si les lettres, les arts s'épanouirent un moment, le peuple avait faim, il était exploité par les commissaires français, envoyés par le Directoire, gens que Championnet appelait « l'armée financière ». Le Directoire, vexé par l'attitude de son général, le destitua et Championnet fut traduit devant un conseil de guerre. (Qui l'acquitta plus tard.) Ce fut le coup de grâce à la république parthénopéenne, les provinces se soulevèrent, l'anarchie était partout; Macdonald, qui avait succédé à Championnet, organisa la garde nationale, les troupes françaises étaient appelées en Lombardie, les républicains furent livrés à eux-mêmes. Pendant longtemps encore on jouit de la liberté. Le moine Michel Ange Ciccone traduisit l'Evangile en patois napolitain, adaptant à la démocratie toutes les maximes chrétiennes, un franciscain avait établi sa chaire sur la place royale devant l'arbre de la liberté; d'une main il tenait un crucifix, de l'autre il gesticulait, appelant les colères divines sur les monarques et leurs partisans; des évêques menacèrent d'excommunication ceux qui ne reconnaîtraient pas la république. Le cardinal archevêque de Naples ordonna que dans les prières le nom de République remplaçât celui du roi, et ce qui est plus fort, il déclara que les ennemis du régime républicain ne pourraient obtenir l'absolution, excepté en cas de mort.

En attendant, l'insurrection, organisée par la cour qui était à Palerme, allait grandissant; les troupes lancées contre les royalistes se faisaient battre. Il fallut décréter la levée en masse, incorporer les lazzaroni, déclarer la patrie en danger, mais l'étoile de la république avait pâli: cinq mois après l'entrée de Championnet à Naples, les royalistes y rentraient. Des représailles terribles furent exercées, les républicains qui purent fuir furent les moins malheureux. Un grand nombre furent massacrés, traduits devant les cours martiales, déportés ou exécutés sommairement dans les prisons. Eléonore Fonsecca, femme de tête, écrivain distingué qui avait rédigé le *Moniteur napolitain*, fut pendue sur la place du Mercatello. On voulut la forcer à crier : « vive le roi ! » elle refusa. Il y eut dans cette grande crise des actes d'héroïsme antiques. Le cardinal Ruffo, l'agent de Ferdinand, surpassa les plus féroces tyrans de l'ancienne Rome, on évalue à vingt mille le nombre des victimes égorgées, fusillées, pendues pendant les six semaines que dura le sac de Naples.

Ce qui se passa depuis juin 1799 n'appartient pas au cadre que nous nous sommes tracé. Ferdinand avait réussi à obtenir, en 1801, un traité de paix avec la France, et tout doucement il avait réparé les brèches faites au régime. Il avait rappelé les jésuites en 1805. Il manque aux engagements contractés, Napoléon lui déclare la guerre, Jérôme Bonaparte, à la tête de cinq divisions d'infanterie et de trois de cavalerie, partait de Bologne. Ferdinand et la cour s'embarquèrent pour Palerme, leur refuge ordinaire. Masséna entrait à Naples précédant Joseph

Bonaparte de 24 heures. Par décret du 30 mars 1806, Napoléon éleva son frère au trône de Naples; « la dynastie des Bourbons étant incom-
« patible avec l'honneur de la couronne impériale
« de France et avec le repos de l'Europe ». Le royaume fut de nouveau réorganisé sur le modèle de l'empire. Il n'entre également pas dans le cadre de ce livre de dire par quelle suite d'événements Napoléon, disposant de la couronne d'Espagne, l'offrit à Joseph son frère, qui s'était montré absolument insuffisant et au-dessous de sa tâche. Il fut toléré par les uns et exécré par les autres, et le 6 juin 1808, le nouveau roi d'Espagne avait changé de couronne bien à point pour ne pas subir le sort réservé à son successeur, Joachim Murat, grand-duc de Berg, beau-frère de Napoléon. Le 6 septembre 1808, Joachim Murat faisait son entrée à Naples. Le souvenir de Joseph aurait pu rendre sa tâche facile; aucune nation n'est insensible à la gloire. Murat se présentait couvert de lauriers; l'Italie, l'Égypte, la Syrie, la Prusse, l'Autriche, l'Espagne, avaient été témoins de sa valeur. Il s'était conduit en héros aux Pyramides, au mont Thabor, à Aboukir, à Vienne, à Austerlitz, Eylau, Friedland et Iéna. Il avait sauvé la vie aux conspirateurs de Polignac et Rivière, il

n'admettait point de crime en politique, il ne voyait dans les complots contre l'État que des erreurs. Et cependant c'est sous le régime de Murat que le carbonarisme naquit à Capoue. Le charbon purifie l'air. Les conjurés s'appelaient entre eux « bons cousins ». L'endroit où on se réunissait s'appelait « baracca », la contrée environnante « forêt », l'intérieur où on se réunissait « vendetta », tous termes employés dans le commerce du charbon. La réunion d'un certain nombre de baraques: « république ». Les *vendette* ou *vente* envoyaient un certain nombre de députés à la « *Vente* suprême » ou assemblée générale. C'était cette assemblée qui prenait les résolutions et dictait la conduite à tenir. Les associés se reconnaissaient entre eux à certains signes inconnus aux autres hommes. L'initiation avait lieu par des moyens faits pour éprouver les plus fermes courages. La moindre hésitation devenait un motif d'exclusion. Celui qui révélait les secrets de la société, encourait la peine de mort. Une fois le jugement prononcé, s'il n'était pas exécuté sur l'heure, tout associé avait le droit de tuer le coupable, partout où il le rencontrait. Dans les premiers temps, les carbonari professaient une haine égale pour Ferdinand et pour Murat. Pendant que Murat régnait dans les états napolitains, Ferdinand s'installait en Sicile, jouant au plus fin avec les Siciliens, auxquels il accordait une constitution qu'il devait supprimer plus tard. Dans les États de Murat, le carbonarisme s'étendait et faisait tache d'huile. Capo Bianco, homme énergique, avait convoqué ses affiliés dans les défilés des Abruzzes, ils accoururent en foule. Les statuts prescrivaient la plus grande tolérance religieuse, chacun ayant le droit imprescriptible d'adorer Dieu selon ses convictions et d'après ses idées. L'association compta un nombre infini de militaires et d'ecclésiastiques, elle comptait déjà plus de trente mille membres. L'Italie était partagée en provinces, il y avait la Lucanie occidentale et orientale, les républiques de Daunie et d'Herpinie. Les ramifications du carbonarisme couvrirent bientôt tout le midi de l'Europe, il compta un moment près de 700,000 membres. Ferdinand comprit le parti qu'il pouvait tirer des carbonari, il sut les intéresser à sa cause, quitte à les faire égorger plus tard. Les patriotes, déjà excités contre Murat qui ne tenait pas ses promesses, commençaient à se montrer hostiles, et de plus Murat s'était brouillé avec son beau-frère Napoléon. Les carbonari travaillaient à l'union italienne, Murat ne comprit pas ou hésita, il traita avec l'Angleterre et avec l'Autriche, puis il déclara la guerre à la France. Il marcha vers l'Émilie, prenant trop tard le rôle qu'il aurait dû s'attribuer en montant sur le trône. Les carbonari, las d'attendre, lui déclaraient la guerre. Quand il apprit tout cela, il n'était plus temps d'agir, c'en était fait de la dynastie de Joachim ; pendant qu'il guerroyait dans les Romagnes, les Autrichiens entraient à Naples et avec eux le second fils de Ferdinand. Les troupes siciliennes abordèrent le lendemain. En mai 1815, Murat, ex-roi de Naples, débarquait en Provence. On connaît la suite de cette lamentable équipée ; tour à tour hésitant et résolu, Joachim Murat ne sut jamais agir à temps. L'Autriche lui offrait un asile, il l'acceptait, mais pas immédiatement. Il tenta la fameuse expédition du Pizzo qui devait échouer, il se présenta comme une sorte de revenant aux Calabrais : « Je suis votre roi, Joachim Murat, mon peuple reconnais-moi ! » (Io sono vostro Re Gioacchimo Murat, popolo mio riconoscete mi!) Personne ne répondit. Interprétant favorablement cette inaction, Murat fait battre le rappel, ordonne au peuple de le suivre, arrache le drapeau royal, y substitue le sien, et déclare que ce n'est plus à Ferdinand, mais à lui qu'on doit obéir. Le peuple, revenu de sa stupeur, prend les armes. Murat, interdit, veut quitter le Pizzo, mais il est cerné, une fusillade très vive décime ses fidèles, tous sont désarmés, garrottés et conduits au fort de Pizzo. Pendant le trajet, le peuple s'acharne sur lui, les femmes surtout se montrent impitoyables, elles le frappèrent et lui arrachèrent les cheveux. Le 13 octobre 1815, celui qui avait été roi était condamné à mort, à l'unanimité, et exécuté le jour même dans la grande salle du fort.

Curieuse coïncidence, le jour où Joachim Murat fut fusillé, Napoléon déchu arrivait en vue de Sainte-Hélène d'où il ne devait plus sortir vivant.

Le roi Ferdinand va être tranquille, la révolution française a disparu, l'empire s'est effondré, les Bourbons reviennent au pouvoir, c'est une longue ère de paix et de tranquillité dont les souverains auraient dû profiter pour mettre leur système de gouvernement tant bien que mal en harmonie avec les exigences modernes, avec les aspirations de la société. Mais le danger passé, l'homme retombe facilement dans son insouciance et ses erreurs. Le 3 janvier 1825, Ferdinand Ier mourut après un règne de soixante-cinq ans, fort agité, entrecoupé de péripéties, de voyages à Palerme et de séjours en Sicile. François Ier lui succéda, mais il mourut, empoisonné, dit-on, ou de dépit lorsqu'il apprit la nouvelle de la révolution de Juillet en France. Ferdinand II ne devait pas avoir un règne plus tranquille que son père et son grand-père, la révolution française avait exercé son influence sur le monde entier, et le droit divin était condamné.

François Ier, qui n'avait plus guère confiance dans ses propres troupes, avait engagé des Suisses. Il avait conclu des capitulations avec les cantons et il y recruta quatre régiments, à savoir :

Le 1er dans le canton de Lucerne et la Suisse centrale, il portait l'habit rouge avec collet bleu, le 2e dans les cantons de Soleure et Fribourg, collet vert, le 3e dans les cantons des Grisons et Valais-Schwitz, collet bleu sombre, le 4e dans le canton de Berne, collet noir. Ces quatre régiments avaient chacun une section d'artillerie avec deux pièces, les quatre régiments avaient donc une batterie de huit bouches à feu. Plus tard, après la révolution du 15 mai 1848, Ferdinand II fit former un bataillon de chasseurs qui prit le n° 13 et qui se recrutait de Suisses de tous les cantons. Dans ce nouveau corps, l'avancement était accessible à tous les soldats, alors que dans les quatre régiments les ressortissants des cantons capitulants pouvaient seuls parvenir au grade d'officier, pour les grades inférieurs on favorisait surtout les engagés appartenant aux cantons capitulants.

X

NAPLES ET LES NAPOLITAINS. — FEU LE LAZZARONI.

Les campagnes des environs de Naples ne ressemblent plus à celles de la haute Italie ou à celles du centre. Partout des agaves, des cactus plantureux, des vergers d'oliviers, des ceps de vigne énormes, des champs cultivés comme des jardins, un sol brun rouge, des plantes du sud, une végétation luxuriante défiant les hivers ou des frimas éphémères. Capoue sur le Volturne se mire dans les eaux tranquilles du petit fleuve qui se dirige doucement vers la mer ; les coupoles, les vieux murs, le fouillis de terrasses et de colonnes, étalé en plein soleil, n'a rien de redoutable, les vieux remparts à la Vauban témoignent du caractère militaire de cette antique cité qui n'a rien de commun avec celle où Annibal, après la bataille de Cannes, vint s'abandonner aux délices de la victoire. La vieille Capoue, Sainte-Marie de Capoue, est à quelques kilomètres de la Capoue qui avec Gaëte fut le dernier boulevard des Bourbons. Des colonnes renversées, une arène, des temples, des ruines, sont tout ce qui reste de la cité des délices. Voici Maddaloni avec ses monastères juchés au sommet de monts escarpés, Caserte avec son magnifique palais, puis les jardins des environs de Naples cultivés avec un soin, une patience qui rappellent les jardins des Chinois. Le Vésuve apparaît majestueux avec son panache de fumée blanche qui forme un vaste dais dans le ciel bleu, les innombrables lignées de maisons qui se détachent à ses pieds forment déjà des villes. De la pointe de Pausilippe à Torre Annonciata ce n'est plus qu'une rue qu'on peut parcourir avec le tramway en quelques heures, — le quartier de la Maddalena et Porticci, cette ville et Resina, Torre dell Greco,

Torre Annonciata ne forment qu'une large rue, avec d'admirables jardins, villas, chaumines, qui ont pour horizon le magnifique golfe, les îles et le panorama de Naples, la grande cité bruyante jetée en amphithéâtre sur ses collines et sa montagne du Vomero. Ce spectacle est magnifique, mais il n'est pas comparable au tableau qui frappe les yeux du voyageur, entrant à Naples par mer. Il est loin des flots agités, le vapeur glisse dans une onde bleu turquoise qui varie ses couleurs selon sa profondeur. La pureté des eaux est telle qu'on y voit flotter les algues, s'ébattre les marsouins et fuir des bancs de poissons de toute forme et couleur. La tranquillité des eaux du golfe vous convie à admirer le panorama qui se déroule en un vaste demi-cercle. A gauche l'île de Procide, de Nisida, les falaises de Baïa et les grèves de Pouzzoles, plus loin la pointe de Pausilippe, les castels et palais au-dessus desquels des pins du sud étalent leur grand parasol, le sombre palais de Donna Anna de la reine Jeanne; dans le haut le profil gris du fort Saint-Elme, vieux donjon aux murailles massives, le couvent blanc en dessous, puis une mer de terrasses, de palais, de coupoles et clochers descendant vers la mer, jusqu'au rouge palais des Bourbons, jusqu'à la grande tour du Carmine, aux vieux forts de Naples l'antique. A droite, c'est l'immense édifice des «Granili» sur les terrasses duquel dix mille hommes auraient été passés en revue. Le reste du panorama se perd en longue trace blanche émergeant des verdoyantes campagnes du pied du Vésuve. Naples, vue des mers, a quelque chose qui captive et en impose en même temps. Sous un rayon de soleil, le blanc, le rose des palais, les coupoles multicolores des églises, les arbres des jardins, le vaste parc de la villa Reale, tout cela forme un ensemble qui laisse dans la pensée un souvenir que le temps est impuissant à effacer. Comme Constantinople, Naples perd à être vue de près, l'impression est surtout désagréable et pénible quand on pénètre au cœur de cette métropole du Sud qui compte un demi-million d'habitants, dont 100,000 au moins végètent dans la plus effrayante misère. Rien de curieux comme les rues de Naples avec leur animation extraordinaire, leur éclat, leur couleur. C'est surtout le long des quais, depuis l'Immacolatella au pont de la Madeleine, que le spectacle est curieux : chars, chariots, équipages, fiacres, omnibus par centaines et milliers roulent sur ces larges dalles en lave du Vésuve, allant et venant en tous sens. Les chariots à deux roues immenses avec 2, 3 et 4 chevaux, mules et ânes attelés de front s'ébranlent avec leur énorme charge. Entre ces équipages passent les ânes des maraîchers, les piétons, les fiacres s'évitant au milieu du tapage étourdissant de cette multitude de gens toujours agités, criant, gesticulant et se démenant à propos de tout et de rien. Derrière les quais, ce sont les rues étroites, humides, nauséabondes, dont je parlerai dans un autre chapitre. C'est dans ces rues que vivent les 100,000 malheureux, parmi lesquels, il y a quelques années, le choléra fit, non pour la première fois, de si épouvantables ravages. C'est dans ces masses de maisons sombres vouées à l'humidité fétide de l'ombre éternelle que la municipalité, aidée par le gouvernement, a commencé à percer des rues. Des milliers d'ouvriers sont occupés, ils sont venus du Nord, les machines à vapeur soufflent en cadence, on déblaie, on creuse, on édifie, mais les Napolitains regardent. Remuer des pierres, manier la pioche ou la pelle, tout le jour au soleil, à la pluie ! Ce n'est point leur affaire ! Ils préfèrent porter un paquet, travailler une demi-journée, gagner moins, mais être tranquilles. La grande cité, la capitale du Midi, a subi depuis vingt ans des changements considérables, elle a été dotée de lignes de tramways à traction de chevaux ou à vapeur. On peut aller jusqu'à la pointe sud du golfe et jusqu'à Pouzzoles ou Baïa en wagon. Les grèves des abords du Carmine dans le sable desquelles venaient autrefois se rouler et s'ébattre les bandes de lazzaroni ont disparu, en leur lieu et place des jardins publics mal tenus et toujours peuplés de promeneurs douteux, qu'on prendrait pour des successeurs déchus des lazzaroni d'autrefois. Pauvres lazzaroni, ils étaient alors quelque chose comme 25 à 30,000, ne connaissant ni filiation ni état civil. Leur nom! ils le tenaient de Lazare; ils étaient le plus souvent aussi nus que lui, ils vivaient à l'état sauvage dans une ville qui comptait peut-être 400,000 habitants quand l'Italie y entra. On les voyait partout, sur le sable de la villa Reale, sur la place du Carmine, aux portes des casernes, des églises, devant la Vicarie le jour du tirage de la loterie, dans toutes les rues, même à Tolède, personne ne les gênait, on s'était familiarisé à leur vue, ils étaient un peu comme les chiens de Péra, de Galata et de Stamboul. Vêtus en été d'une chemise, d'un pantalon de toile ou de triège, d'un bonnet affectant la forme phrygienne, pieds nus, courant sur la dalle en quête d'un petit bénéfice, ramassant un bout de cigare, une tranche de pastèque mal dégarnie. En hiver ils s'affublaient de tout ce qui pouvait les garantir contre les frimas : couverture déchirée, capote en loques, parfois d'un petit manteau. Il y avait lazzaroni et lazzaroni, ceux du port se tenaient mieux, ils avaient quelques ressources, il en était d'autres qui étaient commissionnaires attitrés de quelque maison, ils faisaient les chiffonniers et armés d'une lanterne, ils couraient les rues, ramassant surtout autour des théâtres les bouts de cigare qu'on jette en entrant. Sous tous les régimes, le gouvernement tenta d'inspirer aux lazzaroni le goût du travail, l'instinct de la propriété, mais c'était perdre son temps, dans un pays où on vit avec rien. « Per un grano, si mangia, si beve et si lava la faccia », disaient les lazzaroni. En effet, pour un sou, un denier, un grain d'alors, ils achetaient une tranche de pastèque, et avec cela ils mangeaient, buvaient et se lavaient le visage. On les voyait alors jouer aux oranges dans les rues, jeter des figues en l'air et les recevoir dans la bouche, se promener avec une tranche de pain autour des marchands de ragoût et de ratatouille installés partout en plein vent. Le gargotier ou la gargottière, prise de pitié, s'armait de sa poche et versait sur le pain un peu du jus de son horrible fricot. Pour un lazzaroni c'était un repas délicieux. Et ils chantaient dans les rues, le soir, dans la nuit, improvisant de ces longues et interminables chansons se terminant par un point d'orgue en ton mineur. Du reste tout le monde chantait et chante encore en ces pays ensoleillés : le marchand de fruits, de légumes, de pépins de courge ou de melon, l'ânier qui pousse son *ciuccio* (l'âne), le pêcheur, tout le monde a sa chanson.

Les lazzaronis avaient leurs fêtes, leurs lieux de réunion, leurs chefs, leurs artistes, leurs déclamateurs. On voyait par exemple dans un coin de rue, ou sur une place, dans quelque cantine des abords du port, un déclamateur réciter avec force gestes quelque poème épique, dont l'assistance suivait avec passion toutes les péripéties. Le lazzaroni avait également ses jeux et son théâtre. En face du Castelnuovo dans un petit local, devant lequel étaient placardées de gigantesques affiches coloriées, imagées, on jouait des pièces héroïques, dans lesquelles toujours figurait avec le rôle comique le célèbre Pulcinello, le personnage allégorique des Napolitains auquel revient toujours le rôle en évidence. Il représente l'esprit et le bon sens, il est le figurant muet aux gestes expressifs qui fait rire et qui est au fond le héros de l'aventure. Si les Piémontais ont Gianduio, les Toscans Stenterello, en revanche Naples a Pulcinello. Dans ce petit théâtre où on payait un sou, on pouvait s'amuser à son aise. Pulcinello interrompt la pièce, il intervient par ses bouffonneries et ses grosses farces, qui produisent toujours leur effet. Les acteurs intelligents, et ils le sont tous en Italie, renouaient la pièce et tout le monde était content. Le service des rafraîchissements était fait par des *aquaiouli*, qui passaient, en étendant le bras, les verres d'eau mêlée de jus de limon ou de sambouc, jusqu'aux secondes loges. Autrefois, alors que l'on comptait 30,000 lazzaroni à Naples, ces gens de la rue jouaient un rôle politique, on l'a vu en maint événement de l'histoire. Thomas Aniello, quoique n'étant pas un lazzaroni, fut leur chef et en même temps chef du peuple. C'étaient les lazzaroni qui le 7 juillet 1647, sur son ordre, se précipitèrent sur le percepteur de l'octroi en criant : « Vive le roi ! au diable son mauvais gouvernement !! » Neuf jours plus tard ce fut le peuple qui le massacra. Lorsque Championnet entra à Naples en 1799, ce furent encore les lazzaroni qui soutinrent le choc, comme plus tard ils escortèrent Ferdinand rentrant dans sa bonne ville de Naples, abandonnée par Joachim Murat. En 1848, ce furent les lazzaroni qui pillèrent les palais et les incendièrent derrière l'armée. Masse illettrée, ignorante, subissant les impressions, les influences du moment, les lazzaroni étaient dangereux dans les moments de perturbation générale, ils pouvaient être utiles, comme en septembre 1860, quand Garibaldi entra à Naples. Ce fut leur dernier exploit, à peine Naples était-elle gagnée à la cause italienne que l'ancien lazzaroni était condamné. Enregistrés à l'état civil, classés dans la population, soumis au service militaire, astreints à respecter les règlements de police, les lazzaroni ne tardèrent pas à disparaître. Ils virent ahuris établir des vespasiennes dans lesquelles ils allaient s'asseoir, ils virent balayer les rues, il ne leur fut plus permis de se promener presque nus dans les rues. Le beau temps était passé pour eux.

Aujourd'hui tout a changé, en apparence au moins, au lieu de pantalons rouges des troupes apolitaines, au lieu des grenadiers de la garde, des muletiers calabrais, de policiers bourboniens, on voit partout l'armée nationale, le troupier italien jaseur, bon garçon, venu des rives du Pô, de l'Arno, des campagnes de Sicile. Saint-Elme et ses gros canons ne menacent plus de brûler la cité révoltée, il y a bien encore des canons dans le vieux fort, mais ils sont muets, un seul tonne chaque jour, c'est celui qui à midi précis donne l'heure italienne, d'après laquelle on règle toutes les horloges et toutes les montres.

XII

LA GAITÉ A LA RUE. — L'ÉCOLE. — L'ÉGLISE. — LE VICE. — CONSCIENCE POPULAIRE.

Certes, si les Portugais sont toujours gais, comme le dit la chanson, en revanche les Napolitains ne sont pas tristes. C'est dans leur vaste cité un tapage perpétuel de chants, de cris, de déclamations originales, vives et pittoresques. Tout le monde chante : à la rue, au logis, dans les cours, sur les terrasses ; ce sont ici les orgues de barbarie et surtout les pianos à manivelle qui se réjouissent à Naples de la faveur du populaire. Généralement ces engins sont loués par une association de deux à trois individus, l'un tourne la manivelle, les deux autres écument la rue et les étages, et c'est rarement en vain qu'ils tendent le chapeau. Entrez dans un restaurant, surtout dans un restaurant populaire ou une cantine, vous ne tarderez pas à voir apparaître une timide guitare isolée, vous entendrez peut-être une voix usée, mais l'air est toujours agréable et séduisant. A la guitare succédera bientôt une association de virtuoses : guitare, violon, harmonium ou mandoline. Il y a généralement deux individus en toilette fripée, une chanteuse jeune ou jolie, ou sur le retour. Dans quelle situation se trouve-t-elle au point de vue social avec les deux artistes? C'est ce dont on ne s'occupe guère. Ces gens jouissent d'immunités traditionnelles; jamais un patron, un garçon ou un sommelier ne s'aviserait de les mettre à la porte, de leur dire que c'est assez. Ils font leur tournée et puis s'en vont. Et quel prodigieux répertoire que celui du chansonnier populaire napolitain, quelle suite d'harmonies langoureuses, chaudes, colorées, parfois fort lestes. Mais bah! c'est en langue napolitaine qui se débite avec une rapidité extraordinaire, on sourit et puis c'est si bien dit, si gracieusement tourné, si bien accompagné! On verra au chapitre de la fête de Pié de Grotte comment on fait la réputation et la vogue d'une chanson. Dès l'aube, en certaines rues, ce sont les chants qui vous réveillent, et ce sont encore les chants qui vous endorment. L'amour, toujours l'amour passionné, sur la guitare ou la mandoline, avec variantes mystiques, poétiques, mélodies charmeresses qui vous poursuivent longtemps après que le dernier coup de doigt a été donné sur l'instrument sonore. Et dans ces rues où foisonne une foule pittoresque, ces chants, ces cris, ces accents passionnés ont un double attrait. Dans aucune ville du monde la rue n'a pareil aspect, car la rue c'est le rendez-vous, c'est le domaine des familles qui n'ont pour tout logis qu'une pauvre chambre étroite où en temps de pluie on travaille et on fait la cuisine. A l'aube la marmaille descend à la rue ; c'est là qu'on cuit, qu'on lave, qu'on raccommode, qu'on fait la toilette, qu'on se raconte les secrets du quartier, les aventures, les choses du jour. Les enfants à moitié nus jouent entre eux aux sous, car à peine peut-il se tenir sur les jambes que l'enfant napolitain est déjà roublard, rusé, âpre au gain. A dix ans il joue à l'argent, à douze il songe déjà si, en plaçant un sou sur le rail du tramway, il ne pourra pas en faire une pièce de deux sous. On ne voit pas les fillettes s'amuser avec une poupée, ou les garçons s'adonner entre eux à des jeux d'agrément. Ce n'est pas dans leurs instincts. Si les petites filles s'occupent entre elles, c'est à décorer une image de madone qu'elles exposent à la rue, l'entourant de fleurs et de guirlandes.

Il est vrai que la fréquentation des écoles est obligatoire, mais comment contrôler, comment surveiller ce qui se passe dans les rues, car, comme je le dis, dès l'aube les logis sont abandonnés. Il y a encore beaucoup d'analphabètes dans ce petit monde, et bien des enfants vous répondraient : « plutôt que d'aller à l'école j'irais me jeter à la mer ». Il y a des instituts, des écoles enfantines, des jardins Frœbel, des asiles fondés par des dames étrangères dévouées, mais elles ne sont guère secondées par les parents. Près du Musée Bourbon, dans un vieux couvent, ont été installés les jardins d'enfants ; le tableau est vraiment ravissant. Dans ces jardins les plantes du midi toujours vertes reposent la vue ; le chêne italien au feuillage semblable à celui de l'olivier et qui porte des glands en abondance, l'oranger, le citronnier, l'eucalyptus, les agaves, poussent à profusion, et autour de cette luxuriante végétation s'ébattent des centaines d'enfants. La propreté est remarquable, tous ces petits êtres enjoués, vifs, alertes, regrettent peut-être parfois la rue, mais on a tant soin d'eux ! On les voit, à la récréation, courir, sauter, jouer, entre eux, se précipiter au réfectoire, où une bonne soupe, comme les parents souvent n'en ont pas de pareille, leur est servie. Après le repas tout ce petit monde lave la vaisselle, essuie les cuillers et retourne à l'étude. Comme intelligence et vivacité, rien n'égale ces enfants du midi, ils devraient s'étioler dans cette atmosphère nauséabonde de certains quartiers! Il n'y paraît guère. Les filles qui croissent et grandissent sont belles, bien proportionnées, les mères sont en général de solides matrones, et il sort de cette multitude de bouges, dont on a fait la description pendant que le choléra ravageait Naples, des hommes aux formes athlétiques qui portent sur leur dos des poids énormes et sont vraiment taillés en hercules.

L'école a plus de peine à devenir populaire que l'église; Naples en compte 250 au moins, non pas disposées comme dans nos pays, sur une place, dégagées de tout contact avec d'autres édifices. Non, comme à Rome et dans les autres villes d'Italie, les églises sont partout, entre deux maisons, au milieu d'une rue, dans un coin de quartier écarté, jetées ici et là, parfois fort simples au dehors et toujours somptueuses à l'intérieur, car il faut à ce peuple catholique par excellence des couleurs, des reflets métalliques, des lumières, des colonnes, des peintures, des ornements, de l'or, des choses frappant la vue, frappant l'oreille, les sens en un mot. On ne comprendrait pas le culte froid du protestantisme, ces murailles nues, cette assistance recueillie, ces prières muettes, ce retour de l'homme en sa conscience, s'humiliant silencieusement. Non le culte des catholiques du midi ne ressemble en rien à celui des autres sectes chrétiennes. Il faut que cette religion impressionne le croyant, le frappe, lui en impose ; il est resté du paganisme tant de détails extérieurs qu'on est surpris de voir avec quelle conviction les serviteurs du culte défendent ces traditions et les harmonisent avec la religion catholique. Comme la rue est sale, le logis étroit, parfois inhabitable, c'est à l'église qu'on se réfugie, c'est à l'église qu'on se rencontre, le pauvre y est chez lui, ce magnifique intérieur est une partie de sa propriété, il en est un des actionnaires. On y est à l'aise, il y fait frais en été et tiède en hiver, les enfants s'amusent sur la dalle, on prie surtout de la bouche, mais c'est si consciencieusement que l'on croit que cela suffira ! Il y a des églises pour chaque rue, pour chaque quartier, pour tous les fidèles. Chose curieuse, dans chaque église napolitaine il y a un gros chat ou une famille de chats ; habitués des saints parvis, ils vont et viennent pendant les offices, sans que le prêtre ou les dévots s'en occupent. Ailleurs on a les rats d'église, mais à Naples tout est bizarre et curieux. A Rome, par exemple, les bonnes femmes qui sont enceintes sont tout naturellement attirées à l'Église de la Madonna del Parto, laquelle est particulièrement occupée à répondre aux vœux des pauvresses qui viennent demander un garçon plutôt qu'une fille, et vice versa. La statuette de la madone est là couverte de diamants et bijoux. On fait queue pour lui baiser les pieds et se concilier ses bonnes grâces. On me raconte qu'une belle-maman était venue solliciter les faveurs de la Madonna del Parto pour sa fille, qui en était à son septième enfant. Jusque-là elle n'avait eu que des filles, la mère en était attristée. Belle-maman avait apporté un *ex voto* de trois francs. En rentrant au logis, elle y trouva un télégramme, sa fille venait d'accoucher de la septième. La pauvre belle-mère regrettait amèrement ses trois francs.

A Naples c'est la Madonna du Carmine qui est en grande faveur; on sollicite d'elle des filles ou des garçons selon le cas, mais surtout des bons billets de loterie. La naïveté de ces populations tient du fantastique, et c'est avec la plus grande sincérité qu'elles sollicitent la sainte Vierge de leur inspirer cinq numéros qui sortiront, sinon tous, au moins en partie le samedi suivant. Autrefois les gens qui n'avaient pas gagné, surtout les femmes, ne se gênaient pas pour insulter la Madonna ; aujourd'hui il y a adoucissement des mœurs, elles n'insultent plus leur protectrice, elles sont convaincues qu'elles ne l'ont pas assez ardemment suppliée, et elles recommencent. Bien que très effrayés par la perspective des flammes éternelles, de l'enfer, des horribles tortures infligées aux méchants ou plutôt à ceux qui ne croiront pas, les bonnes gens de Naples, comme ailleurs du reste, ne demanderaient pas mieux que de s'assurer un petit bout de paradis sur cette terre, et la fortune leur paraît être ce paradis. Il faut croire qu'il leur sera tenu compte de leur caractère impressionnable, de leur tempérament passionné et surtout de la mauvaise direction donnée à leur conscience par le clergé lui-même. Épouvanter les fidèles, pour leur extorquer encore et toujours l'impôt de l'église, tel semble être le rôle des prêtres de cette partie de l'Italie. Un peu partout on voit exposées des enluminures, des gravures représentant le diable s'emparant des méchants, c'est-à-dire de ceux qui sont rebelles à mettre la main à la poche, et en regard les bons, ceux qui ont été généreux, enlevés par un ange, qui les emporte directement au paradis. C'est l'éternelle morale de certaines religions qui récompensent le bien et punissent le mal et ne cherchent pas à éduquer l'humanité, à faire le bien parce que c'est le bien et à ne pas faire le mal parce que c'est le mal. La raison humaine finira bien par avoir le dessus, avec la diffusion de l'instruction on créera une société nouvelle, et déjà Naples n'est plus ce qu'elle était autrefois. J'ai vu lors du passage de l'empereur d'Allemagne une scène fort instructive. Un cocher de fiacre, arrêté par un encombrement de la foule, cherchait à passer, le timon de la voiture heurte un brave ecclésiastique de fort bonne mine, chapeau Basile en riche peluche. Notre ecclésiastique se retourne et brandit son parapluie sur l'automédon, lequel d'un rapide mouvement de bras retourne son fouet, le manche en haut, et l'agite lui aussi au-dessus du chef de l'homme d'église. Tous deux un instant se lancent des regards furieux, puis réfléchissant l'un et l'autre que la chose tournerait mal, et comme au commandement, l'automédon reprend la position du cocher civilisé et l'autre celle d'ecclésiastique de bonnes mœurs. Les deux tartarins s'étaient compris, les dieux s'en vont ! la police les a remplacés. Malgré les 250 églises ou plutôt à cause de ces facilités accordées aux fidèles de laver leurs péchés quantes et chaque fois que le cœur leur en dit, il n'est pas de ville au monde où la dépravation des mœurs, où le vol, les crimes et les violences soient aussi fréquents. Le couteau joue un rôle terrible dans cette vaste cité. Au temps des Bourbons, chaque nuit on relevait des morts et des blessés; ces gens si pusillanimes, si poltrons, si promptement disposés à la panique et à la fuite, versent le sang de leur prochain avec une tranquillité incroyable. Autrefois on voyait dans le nombre énorme des courtisanes, une masse considérable de filles balafrées. C'était la jalousie; au moyen d'un fragment de brique, elles se portaient au visage des coups qui laissaient une trace ineffaçable, le chirurgien le plus habile n'aurait pu guérir ou recoudre une de ces blessures sans qu'il en restât une marque ineffaçable. Au temps des Bourbons le couteau jouait un tel rôle qu'il était défendu de porter sur soi un couteau affilé. Toutes les lames étaient cassées dans le bout. Aujourd'hui on ne peut cependant pas faire exception pour une ville ou une province; Naples a bénéficié des avantages que l'unité a apportés aux populations de tout le royaume, et sous le rapport de la police, il y a grand progrès. Il est cependant encore dangereux de s'aventurer dans certains coins écartés, sur la promenade du Môle, à la villa Reale, dans les jardins de Carmine. Il circule en ces parages des gens suspects moitié ruffiens, moitié vagabonds, qui guettent les victimes et ne reculeraient pas devant une violence. Certaines rues sont littéralement encombrées de filles perdues, qui traînent leurs galoches de bois, racolent les provinciaux, occupent les cantines et s'en vont à l'aventure à travers les groupes de badauds, qui regardent un guignol en plein vent, écoutent une chansonnette populaire ou se régalent d'une friture mangée debout devant quelque cantine. La basse démoralisation s'étale dans toute sa crudité, sans parler des vices honteux et bibliques si communs à Naples, qu'ils ont fourni au vocabulaire des imprécations, les plus naturalistes expressions. La courtisane, la fille perdue, la femme qui tombe, trouveront encore dans cette religion, si féconde en ressources, le pardon rapide des petits péchés. La fille perdue retourne l'image de la Vierge et en éteint la lampe, et si la faute est trop lourde, une course à l'église, une confession dans toutes les règles soulagera la conscience de la pécheresse. Tout se fait avec passion dans ces pays au sang à haute température, on est profondément vicieux et passionnément religieux, on se laisse emporter par la colère, on cède à ce besoin impérieux qui pousse l'homme à s'oublier, et ce n'est pas seulement dans le monde interlope qu'on se laisse aller à la violence, mais dans la famille, dans les milieux les plus calmes et pour un rien. Une dame reçoit des visites, elle voudrait offrir du thé, mais sa domestique est sortie et elle ne rentre pas. La jeune fille n'avait pas 17 ans, elle était sortie avec sa sœur, toutes deux s'étaient armées d'un rasoir pour attaquer un jeune homme qui, amant de la sœur, l'avait délaissée. Le malheureux avait été découvert par les deux viragos, qui l'avaient horriblement maltraité ; la police était accourue, les deux furies avaient été emmenées à la questure et l'amant ensanglanté avait été transporté à l'hôpital. C'est le lendemain que la maîtresse du logis apprit la chose dans les faits divers des journaux. Depuis le jeune blessé avait guéri et il circulait dans les rues revolver en poche, cherchant des yeux l'une ou l'autre des jeunes filles pour prendre sa revanche. Les deux péronnelles se tenaient cachées. On est habitué à Naples à ces sortes d'histoires, on en lit le narré dans les journaux sans trop s'émouvoir; l'amour et la jalousie font des victimes, mais chacun comprend ces sentiments, chacun y a plus ou moins passé, et on excuse les victimes des passions humaines.

XIII

LE CORAIL. — LES PÊCHEURS ET LES TRAVAILLEURS DU CORAIL. — VICTOR EMMANUEL, PATRON DE CETTE INDUSTRIE. — LES MERVEILLES DES EAUX DU GOLFE. — L'AQUARIUM.

Le corail est un polypier corticifère, recouvert d'une écorce charnue qui sous cette écorce projette une matière calcaire solide et assez dure pour prendre un beau poli. Le corail a plusieurs nuances du rouge foncé au rose, ce dernier selon sa qualité est très recherché. Production marine du règne animal, le polypier s'attache aux rochers par des branches qui imitent les racines; il s'élève alors à 30 ou 40 centimètres de hauteur et met, selon la profondeur, 10, 15, 20 ou 30 ans pour atteindre son entière grandeur. On prétend qu'à 100 et 150 mètres de profondeur, le corail n'atteint ses dimensions naturelles qu'au bout de 40 ou 50 ans. Il n'est au fond que la secrétion calcaire

d'un petit animal qui habite les cavités de
l'écorce. C'est un polype de fort petite dimension, au corps mou et diaphane, armé d'une bouche entourée de tentacules. C'est dans les profondeurs et solitudes des mers d'Italie, de Sardaigne et d'Afrique, de la mer Rouge et du Japon, que cet être travaille à fournir à l'homme ces branches rouges, ces bijoux exquis dont certains peuples se parent. En Europe ce sont surtout les femmes, en Afrique, aux Indes ce sont les deux sexes qui en sont avides. Nulle création n'a erré de place en place dans les trois règnes — animal, végétal ou minéral ! La méprise est pardonnable, le polype est un animal et sa secrétion est devenue un minéral. Le corail présente en effet la dureté, l'homogénéité, l'éclat de l'agate, il se polit et prend sous la main de l'homme l'éclat qui en fait le prix.

Le corail se trouve dans presque toute l'étendue de la Méditerranée, mais à des profondeurs différentes, à trois mètres on le trouve sur les côtes de France et à 100 sur celles de Sicile; celui des côtes de l'île de Sardaigne est fort recherché, il a des teintes pâles, que savent apprécier les connaisseurs; celui des côtes de Sicile est plus fin; le corail des côtes méridionales de l'Europe est d'une couleur vive; celui d'Afrique a des dimensions plus vigoureuses, il forme sur certains points des mers de véritables petites forêts végéto-animales qu'on drague avec soin. On voit à perte de vue sur les côtes de Sicile, d'Afrique, de Sardaigne, des voiles qui jalonnent l'horizon et semblent alignées à une distance déterminée les unes des autres. J'en ai compté près de 50 en face de La Calle, sur la côte d'Afrique, entre Bône et Tabarca. Les patrons frètent les barques, partent en mer avec un petit équipage de travailleurs qui sont logés et nourris et touchent 50 fr. par mois. Dans le bateau se trouve une sorte de râteau de fer auquel on attache quelque poids lourd, on le descend à la corde et on drague le fond. Les pêcheurs de corail de la côte d'Afrique sont généralement Napolitains ou Siciliens, parmi eux il y a beaucoup de réfractaires, déserteurs ou autres fuyards. On travaille aussi le corail sur la côte d'Afrique, mais les principaux ateliers de polissage et de préparation sont à Naples, à Torre del Greco et Torre Annonciata. La Sicile se contente de pêcher et d'exporter le corail brut. C'est par sacs et caisses que de Sicile on dirige sur Naples et les ports les polypes pêchés; l'adresse des Napolitains et Siciliens pour découvrir les fonds riches est merveilleuse et jusqu'ici ils ont défié toute concurrence. Les grands fabricants napolitains viennent en Sicile, ils achètent en bloc, les produits de la pêche. Autrefois c'était avec les précautions les plus délicates qu'on travaillait les branches pour leur donner le poli et l'éclat voulus ; aujourd'hui la science est venue à l'aide de l'industrie, on a imaginé et trouvé des produits chimiques, des bains acidulés qui font ce que la main humaine faisait autrefois. La masse de coraux polis et prêts à être utilisés comme parure qui sort de Naples est vraiment prodigieuse. Le marché le plus important est celui de Calcutta, qui est le premier marché du monde. En ces contrées, la mode ne subit pas de variations comme en Europe, ces populations à la peau sombre, préfèrent le corail à toute autre pierrerie, les bracelets et colliers, donnent à leur peau une apparence plus mate que ne le feraient les pierres, agates ou métaux. Les fabricants et commerçants italiens cherchent actuellement à s'ouvrir par l'Abyssinie des débouchés en Afrique ; les noirs du Soudan, du Cordofan, de l'Afrique orientale et équatoriale adopteront-ils le corail? Ce serait une bonne fortune pour les Italiens. Le corail est encore très à la mode en Italie, dans les campagnes surtout. Dans le Latium, dans la Campanie, la

Terre de Labour, les Abruzzes et la Calabre, il n'est pas de paysanne qui n'ait son gros collier de corail. Des marchands passent dans les villes et villages, et sans le vouloir, ils ont fait plus d'un mariage, en effet le collier de corail qui est offert est comme l'anneau des fiançailles. On ne connaît pas l'anneau, mais seulement le collier, qui est généralement double avec de gros grains au centre, qui vont diminuant en grosseur, pour se rejoindre sur la nuque à une fermeture d'or ou d'argent. Les jeunes filles portent aussi le collier de corail, mais il est plus long et descend sur la poitrine, tandis que celui des femmes mariées a pour dimensions le cou et la gorge.

Le nombre des bras occupés au polissage du corail est bien plus considérable qu'on ne le croit généralement. A Torre del Greco et Torre Annonciata, c'est par milliers que l'on compte les ouvriers. Torre Annonciata compte 18 à 20,000 personnes occupées dans des centaines d'ateliers où on trouve quelquefois jusqu'à 200 ouvriers et ouvrières. Il est tel ou tel atelier qui est dirigé de père en fils par les générations qui se succèdent. On conserve dans la maison quelque branche curieuse, production fantastique qui a parfois des proportions remarquables. J'ai vu une branche formant une croix, trouvée dans un lot de corail très commun, elle avait près de 25 centimètres de hauteur.

Feu le roi Victor-Emmanuel pourra passer pour le patron, le grand protecteur de l'industrie du corail, il en avait toujours une provision qui le suivait partout. Un industriel de Torre Annonciata lui en fournissait plusieurs caisses, ces caisses suivaient le roi dans tous ses voyages et pérégrinations. Tous les six mois un employé de la maison, venait faire consciencieusement l'inventaire, il prenait note de ce qui manquait. Le roi Victor-Emmanuel paya jusqu'à 25,000 fr. une branche de corail d'un sang remarquable. Vous comprenez, le roi galant homme, le héros de Palestro et de vingt batailles, ne décorait pas ses bersagliers avec des branches de corail. Non! ces branches douces au toucher, qui gardent bientôt la tiédeur de la peau, qui prennent la couleur et le reflet de la chair, qui flattent le teint, ces branches qui ont tour à tour la nuance des chairs roses ou l'éclat des lèvres rouges, ces arbustes du fond des mers, sont pour les femmes ; elles ont compris que ce corail si doux au toucher, si beau à l'œil, avait été une chose vivante. La science a voulu leur faire croire que c'était une pierre, un calcaire, elles n'en croient rien et longtemps encore on travaillera le corail sur les rives de la mer, à l'usage des femmes.

Le jour de la Fête-Dieu les pêcheurs de corail du pied du Vésuve dressent devant l'autel de l'église de Torre del Greco un tapis orné d'algues, de plantes marines, de buissons de coraux et coquillages. Le corail est donc aussi un attribut des fêtes religieuses, et peut-être un jour un nouveau saint Victor deviendra-t-il le patron des pêcheurs du polypier, ils penseront qu'il sera beaucoup pardonné au grand roi, qui a tant aimé et en a tant donné.

. . . .

Ce n'est pas à tort qu'on a cité le golfe de Naples comme un des plus poissonneux du globe, et un des plus riches en variétés de toute espèce. En ces parages à la température douce, en ces ondes abritées par les coteaux et les rochers des îles contre les violences du vent, vivent des êtres aux formes, aux mœurs les plus diverses. Dans les profondeurs, ce sont des algues et des végétations marines qui se balancent en cadence sous le mouvement des eaux, s'épanouissent et fleurissent dans les clartés purpurines, dans la transparence des ondes profondes ; elles forment des champs, des buissons, des forêts, elles abritent sous leurs ombres protectrices les êtres vivants qui viennent y chercher un refuge contre la violence des flots, contre la rapacité des gloutons des mers, elles servent de repaire aux espèces qui guettent leur proie, elles sont les sites favoris de mille espèces qui y vivent, y aiment et y meurent. La Méditerranée n'a pas pour elle ces grandes migrations, ces bancs immenses comptant des milliards d'êtres qu'une force invincible pousse vers le Sud, vers les continents; elle n'a pas ces gigantesques cétacés qui se font un jeu de devancer et de suivre les montagnes de glace : elle a en revanche une variété inouïe d'espèces aux formes les plus capricieuses, aux couleurs les plus riches, elle a encore l'invasion d'espèces qui franchissant les canaux, les isthmes, pénètrent des mers de l'Inde dans ces pays nouveaux et inconnus que la main humaine a ouverts à leurs pérégrinations vagabondes. La Méditerranée ne voit pas l'éclair que produit le banc du hareng, quand il approche des côtes, ce ne sont pas ces couches grouillantes et phosphorescentes qui, poussées par une force irrésistible viennent presque encombrer les filets. Non, ce sont des espèces qui se gardent de quitter les eaux tranquilles. Là-bas dans les océans, ce sont des monstres géants qui se lancent dans ces épaisseurs vivantes, s'y vautrent, s'y prélassent, engouffrant par tonnes la proie infinie qu'aucune puissance humaine ne pourrait réduire. Industriels! naturalistes de cabinet! qui avez parlé un moment des vapeurs de nos côtes qui ont effrayé les bancs de sardines ou de harengs et les ont fait abandonner les rives de l'Océan pour une ou plusieurs années, avez-vous jamais réfléchi à la quantité d'œufs que ces masses jettent au passage? A plusieurs brasses d'épaisseur, sur une étendue de centaines de kilomètres, la mer est blanche, visqueuse, laiteuse, c'est une mer dans la mer. Chaque femelle de hareng a pondu jusqu'à 70,000 œufs. Et on ose parler des steamers qui effrayeraient des masses qui emplissent les couches marines sur des espaces que l'œil ne peut mesurer! Si on n'avait pour lutter contre cette invasion que les filets des pêcheurs et les steamers, il y a longtemps que les océans seraient des masses putréfiées, qui auraient empoisonné les continents.

Non, dans les mers c'est, comme sur les terres, l'éternelle loi des chasseurs et des chassés, ce sont des êtres destinés à servir de pâture à d'autres êtres, selon des lois cruelles, inexorables! Ce sont des coquillages gros comme le casque d'un dragon, des moules imperceptibles qui tapissent les flancs des rocs, s'y installent en milliards de petits écrins. Ce n'est pas la nature morte; aux rayons du soleil, tous ces petits êtres ouvrent leur coquille, leurs chairs roses se dilatent sous un rayon. Sur le fond du golfe, des étoiles de mer jonchent le sable, des mollusques rampent traînant d'énormes abris, sans plus de peine qu'un escargot pour emporter sa coquille; ce sont des crabes roses qui s'ébattent et luttent entre eux, jouant de leurs pinces, agitant leurs tentacules. En voici un énorme, sujet tragi-comique, il est assis sur une aspérité de roc, il tient entre ses bras une langouste qui tressaille encore, et, avec un de ses bras libre, il plonge dans son corps et se régale de chairs palpitantes, avec une gravité lugubre. Ce sont des porcelaines qui se meuvent, se cherchent, communiquent entre elles, ce sont des animaux lumineux, sorte de vers luisants des mers qui laissent des sillons phosphorescents dans l'obscurité des profondeurs. Et au milieu de ces plantes qui fleurissent et dont les pétales ont parfois l'éclat des fleurs de serre, au milieu de ces champs d'algues, de ces forêts de coraux, s'ébattent les variétés de poissons. Les uns vivent en familles innombrables;

leur cuirasse dorée ou bronzée, d'argent ou
d'acier, brille toujours de l'éclat le plus pur; les
uns sont parés de teintes neutres admirablement disposées, d'autres ont des couleurs éclatantes ou des nuances vives, d'autres encore
portent sur leur corps les couleurs de l'arc-en-ciel. Sur les rochers sont étendus des êtres informes couverts de carapaces redoutables, ils sont
pareils à un gros caillou aux facettes grossières,
mais un mouvement se produit, des ouïes s'agitent
par un mouvement cadencé, un gros œil vif ne
perd rien de ce qui se passe autour de lui, le
poisson s'élance, saisit sa proie et vient reprendre
sa place sur le roc, pour continuer sa guerre. Là
c'est un poulpe, la pieuvre aux tentacules
munis de suçoirs, elle est acculée contre le roc,
tantôt elle se gonfle comme un sac qu'on introduit dans l'eau, tantôt elle s'efface, change de
couleur et de forme, ramasse ses bras en boule,
ou les agite comme des tiges d'algues perdues,
elle s'ouvre comme un parasol, se ferme, se tord,
réduit ses proportions, mais la tête est toujours
là, ronde, avec ses yeux immobiles. Dans les
crevasses des rocs sous-marins, s'ébattent, se
tordent, s'enlacent et se caressent des anguilles
monstrueuses, tantôt marquées de raies comme
celles du tigre, tantôt couvertes de taches comme

le dos de la panthère. Il en est de 3 à 4 mètres, qui s'élancent, tournoient dans l'onde, se mouvant en longs anneaux pour rentrer dans une crevasse et s'enrouler autour d'une épave. Des espèces énormes, dont le dos s'appuie sous quelque voûte de roc, restent immobiles, ouvrant en cadence leurs ouïes ou agitant leurs nageoires ; pareils à d'énormes branches d'arbre écailleux, ces gros habitants des mers attendent paresseusement que l'appétit les oblige, eux aussi, à se mettre en chasse. D'autres espèces se meuvent dans les couches comme de gros cerfs-volants, leur corps s'agite d'après les mêmes procédés, une longue queue sert de contrepoids. Puis ce sont des êtres taillés pour la chasse, pour la course pour la guerre, porteurs de têtes monstrueuses, de carapaces munies de piquants ; d'autres ont une tête allongée, qui se termine en bec de bécasse, avec lequel ils saisissent délicatement de petits êtres presque imperceptibles, nés du jour, et qui ne le semblent que pour nourrir une autre espèce. Parfois autour des barques des pêcheurs viennent folâtrer les marsouins. Marins et pêcheurs prétendent que ces gros poissons, qui vivent par troupeaux, ont du plaisir à venir égayer l'homme en les solitudes des mers. Ils tournoient autour des barques et navires, ils font la culbute dans l'eau, renversent leur corps comme poussés par une force invincible, qui les condamne à amuser et distraire le marin. Parfois les pêcheurs de Naples poussent en avant vers la pleine mer, au moment où les thons par bandes approchent des côtes. Ces énormes poissons à la chair succulente, les véritables porcs des mers, dont ils ont la forme, seront bientôt transportés entiers dans les rues de Naples, suspendus aux épaules de robustes pêcheurs, qui détaillent leurs chairs palpitantes.

Des versants du Vésuve, de Castellamare à Pausilippe, c'est une armée de gens qui vivent de la mer, qui toute l'année la fouillent, l'explorent, y lancent leurs filets ou leurs engins. Le long des quais, près de Santa Lucia surtout, on peut voir des associations de 40 à 50 pêcheurs qui ont lancé fort avant dans le golfe un immense filet, puis tout à coup le signal est donné, deux brigades de 20 à 30 solides gaillards se mettent à l'œuvre: on enroule les deux cordes qui attirent le filet, de petits tonnelets flottent à perte de vue, ils approchent lentement, bientôt ils sont tous sur le sable, et on voit s'agiter une masse noire. C'est un vaste entonnoir au fond duquel grouillent parfois quelque énorme anguille, une langouste, des milliers de petits poissons argentés. La pêche est bonne parfois, les paniers s'emplissent, le syndicat fait une bonne journée.

Si vous aimez la mer, le parfum salin de ses effluves, ses ondes chatoyantes, son clapotement régulier, si vous aimez ses merveilles et ses surprises, vivez pendant quelques heures chaque jour sur ses bords. Si vous préférez admirer tranquillement ce qu'elle produit de beau, de fantastique, de surprenant, entrez à la villa Reale, dans le grand aquarium. C'est un peu cher deux francs, ce n'est pas à la portée des masses laborieuses de Naples, mais celles-ci ont pour l'admirer le grand aquarium naturel et ses surprises. Là, dans ce bel édifice, sous ces voûtes éclairées par le reflet verdâtre de la demi-obscurité, vos yeux se porteront vers la pleine lumière projetée sur les grands bassins. Peu à peu, vous verrez s'agiter des choses confuses qui sont des êtres vivants — polypes, coraux, madrépores, infusoires, crustacés, bivalves, coquilles habitées par des êtres qui pensent, raisonnent, s'agitent pour des raisons déterminées. Vous verrez de monstrueux limaçons noirs qui tendent des fils blancs dans les algues et les iris, dans les plantes aux fleurs rouges, jaunes, blanches, fils où viennent se prendre d'autres êtres diaphanes qui flottent comme un nuage imperceptible, mais qui vivent, car les petits poumons s'agitent, les angoisses de la mort se produisent, le monstre va s'emparer de sa proie. Vous verrez des crabes énormes s'entre-choquer entre eux et faire résonner dans la lutte leurs grosses carapaces ; vous y verrez de lourdes tortues flotter entre deux eaux avec la légèreté de l'oiseau qui s'agite dans l'éther. Vous y verrez des poissons de toute forme, de toute couleur, dont les écailles sont des perles, les yeux des brillants. En sortant de la demi-obscurité des couloirs de l'aquarium, on rentre en plein soleil, le golfe est bleu sombre, le ciel azur tendre. Est-il possible que sous cette couche d'eau s'agitent tous ces êtres à l'organisation merveilleuse ?

XIV

LA MISÈRE A NAPLES. — LA QUESTION DES SALAIRES. — CHARITÉ ET CRUAUTÉ. — LA LOTERIE.

Padre Rocco, au siècle dernier, consacra sa vie aux malheureux; en souvenir de ses bienfaits, un spéculateur publie un journal populaire qui porte le titre Padre Rocco. Mais les misérables n'ont point disparu avec leur protecteur, ils sont restés et ils forment une population de 100,000 êtres, hommes, femmes, enfants vivant au jour le jour, dans des conditions vraiment navrantes. Quand on circule dans les larges rues animées de Tolède, de Chiaïa, Foria, le long des quais, à Capo di Monte ou à Pausilippe, on n'a pas idée de ce qui se trouve derrière ce rideau qui cache la coulisse. Pour se rendre compte de ce qu'est Naples en son intérieur, il faut sortir d'une de ces larges rues et s'aventurer bravement droit devant soi vers l'intérieur. Descendons par exemple de la rue Foria, en ligne droite, vers le port; ce sont, tout d'abord, de grandes dalles humides, des flaques d'eau, des détritus de toute espèce jonchent le sol. A mesure qu'on avance dans le dédale de rues, ruelles, passages étroits, la lumière devient plus rare, le soleil ne paraît qu'un instant, il n'a pas le temps de sécher l'humidité des murs, des dalles, il n'a pénétré dans aucun appartement, il a caressé au passage, laissant comme un ferment de décomposition dans les eaux croupissantes, dans les détritus jetés à la rue. Ici des ruelles larges de 5 à 6 pieds, des linges suspects suspendus du haut en bas, du 1er au 6e étage, aux cordes qu'on peut tendre des deux côtés de la rue, interceptent encore l'air et la lumière. Ici quelque méchante boutique brisée, une femme vend des épis de maïs qu'elle a rôti sur un peu de charbon, là c'est une poignée de marrons qui nagent dans une eau couleur lie de vin. Ce sont, plus loin, des familles d'artisans, un cordonnier qui cherche à rapiécer quelque sordide bottine, un tailleur qui ravaude une guenille. La femme, les enfants sont à la rue si le temps le permet, sinon tout ce monde sera consigné dans une petite chambre. On voit en passant le matelas du lit relevé, on travaille sur la planche du lit. Au fond la madone du Carmine collée au mur, une petite lampe brûle au-dessous. Avancez toujours, voici des rues plus étroites encore, un âne passe chargé de légumes, ses deux paniers se heurtent au passage aux moisissures des murailles, l'animal glisse sur les écorces de pastèques, citrons, sur les débris de légumes, sur les immondices, il faut reculer pour laisser passer l'aliboron et son maître, et chercher un abri sous quelque porte. Entrez dans une de ces ruelles qui paraissent des entrées de cave; une odeur nauséabonde s'en échappe, vingt ménages du 1er au 6e jettent tout à la rue, les émanations se mêlent à l'odeur de friture, à la fumée qui sort des antres où vivent des familles entières. Des rats errent de ci de là dans un domaine dont ils sont les maîtres, un chat écrasé gît étendu au centre du passage et il y restera longtemps, des poules étiques courent éperdues, des chiens errants flairent les immondices. Tout cela est encore l'extérieur; quant à l'intérieur, on ne le regarde pas sans en avoir le cœur serré. Ce sont de misérables logis auxquels on n'a accès qu'en passant par quelque allée puante, par un escalier sur lequel une couche noire a formé un bitume gluant. Les familles qui ont le bonheur d'avoir une chambre sur la rue, ont au moins un peu d'espace pour s'ébattre, celles qui vivent dans un des réduits des hautes maisons d'une ruelle sont condamnées à la prison perpétuelle. Des citernes situées ici et là dans les cours fournissent une eau qui a le goût des pourritures qui s'infiltrent lentement à travers le sol. La vermine a envahi ces logements, les punaises sont partout, les puces fourmillent, des rats pénètrent jusque dans la paille des grabats. Autour de la Vicarie, la vieille prison séculaire, des quartiers sont reliés les uns aux autres par des ruelles remplies de bouges, d'où sortent des enfants à moitié nus, des femmes suspectes, les hommes qui ne le sont pas moins, car on se demande de quoi peuvent vivre ces infortunés. Enfin, en descendant toujours, on arrive à une large rue obstruée par les étalages des maraîchers, marchands de fruits, épiciers, cantiniers, gargotiers. Ces derniers ont dressé leur cuisine en plein vent, dans ces chaudières bout une ratatouille indéfinissable, ce sont des viandes suspectes, des restes, des reliefs qui se décomposent lentement sous la cuisson. Des poêles énormes fument comme des cheminées de locomotives, l'huile crépite et des gâteaux, des pâtes frissolent dans la graisse en ébullition. A côté ce sont des piles de poissons frits, de fricassée prête à être emportée. Les malheureux qui ont 3 ou 4 sous à dépenser pour un repas peuvent acheter pour un sou de pain, pour deux sous de poisson et un sou de figues, de raisins ou tout autre fruit. Autrefois ils pouvaient faire leur choix devant un véritable bazar de victuailles étalées en plein vent dans une rue parallèle à l'avenue du Château-Neuf. Là on exposait aux gourmands tous les reliefs de festins d'hôtels ou autres. Restes de volailles, de fricots, de plats doux, trouvaient toujours débit facile, et les affamés faisaient queue devant cet étalage qui tenait toute la rue. Pour trois sous on peut avoir une assiette de maccaroni, pour dix sous un Napolitain peut faire un repas complet, et sur les 100,000 pauvres, le dixième ne fait pas chaque jour un de ces repas à dix sous. Ici et là dans cette rue on voit les cantines pour toutes les bourses, on peut aller s'asseoir à la table garnie d'une nappe ou à celle chargée d'une gomme noire gluante, sur laquelle le verre et l'assiette collent. Sous les tables et sur les bancs, parfois sur la table, s'égare une poule affamée. Des misérables en loques viennent s'asseoir un instant; heureux ceux qui peuvent s'asseoir! Toute la rue, qu'on appelait autrefois *Baccia porto*, n'est qu'une vaste suite d'étalages, de cantines, de marchands de fritures, de maraîchers et marchands de fruits, de poissons, de fricots sans nom. C'est dans ces rues que viennent s'approvisionner les ménages qui habitent les bouges intérieurs du vieux Naples, des quartiers de SS. Apostoli, de la Zecca, de la Vicaria, de Pendine. C'est justement dans ces rues que le choléra a fait les ravages que l'on sait. Comment prêcher l'hygiène à des gens qui n'ont ni eau, ni lieux, ni égouts, pour lesquels la rue est le dépotoir obligé et naturel. On a parlé du fameux « sventramento » de Naples, des cent millions nécessaires pour assainir la capitale du Sud. Et en effet on a commencé à renverser les fameux fondacci, ces immenses maisons vieilles comme les murailles du fort de Carmine, dans lesquelles grouillent des centaines de familles de misérables. On a joué de la pioche, on a percé quelques rues et construit quelques artères magnifiques et aérées. On a procédé comme certains médecins qui recommandent à de pauvres diables, malades et épuisés, de se mettre au régime des viandes fortifiantes et des vins généreux. On a constaté le mal, mais on n'a pas résolu la question sociale qui se cache derrière la misère, car Naples n'a pas d'industrie, c'est une ville immense qui a vécu autrefois un peu de ceci, un peu de cela, de la cour, des étrangers, du port, de la pêche, de certaines industries qui disparaissent. On en est à se demander, en voyant cette immense cité, de quoi peut vivre son demi-million d'habitants. Dans aucun pays du monde, la vie n'est aussi facile qu'à Naples, la campagne est d'une fertilité inouïe, elle produit en abondance, toute l'année, des fruits, des légumes, des fleurs; les jardins sont cultivés avec une sollicitude merveilleuse, dans une crevasse de muraille un figuier se complaira à donner trois récoltes de fruits délicieux; en peu de temps les légumes atteignent des dimensions bibliques, des ceps de vigne énormes poussent s'appuyant sur un peuplier, rampant contre une muraille. Les jardiniers entrent en ville avec leurs ânes chargés de légumes aussi divers que planteureux, cent espèces inconnues à nous, en raison soit des proportions, des formes ou de la couleur que leur donnent un soleil vivifiant et un sol fécond, trouvent un débit facile, mais à des prix dérisoires. Un chou-fleur se vend 2 à 3 sous la tête, les fruits, notamment les figues, sont à la portée de toutes les bourses. Le pain, les pâtes, le vin, la viande, sont à meilleur marché que partout ailleurs, et cependant 100,000 êtres humains ne peuvent acheter des légumes, manger de la viande ou boire du vin. 100,000 pauvres vivent on ne sait de quoi ! Les salaires sont restés à un minimum dérisoire, le cireur de bottes qui frappe de sa brosse sur sa boîte pour appeler l'attention ne demande qu'un sou, le facchino qui fera une commission, portera une charge, le garçon de magasin, l'artisan, l'ouvrier se contentent de peu de chose. Les femmes qui cousent les gants de peau dits de Naples gagnent 40 à 50 centimes par jour, des milliers de femmes sont occupées du matin au soir, long couteau en main, à tailler de petits roseaux qui, ajustés les uns dans les autres, forment les tuyaux de ces pipes à fourneau en terre rouge qui se vendent un demi-sou la pièce. Ces femmes, qui travaillent avec une dextérité merveilleuse, gagnent 40 à 50 centimes par jour. Les domestiques, les gens de service, les portiers sont encore les heureux, les employés d'administration, les commis, qui gagnent de 50 à 80 fr. par mois, sont de véritables seigneurs. Les ouvriers des divers corps de métiers gagnent de 75 centimes à 1 fr. 50 et 2 fr. par jour. Des milliers d'hommes ne gagnent pas vingt francs par mois, des milliers de femmes et de filles 10 ou 15 fr. Les domestiques qui ne sont pas nourries et logées gagnent 10 fr. par mois et le déjeuner ; quant au dîner, elles peuvent se le procurer comme elles l'entendent. La petite bourgeoisie vit de privations. Le vice et la démoralisation font aisément irruption et on ne peut que s'étonner si, au fond, à part la rapine, la petite escroquerie, le vol et la débauche ne font pas plus de victimes. Malgré cette misère effrayante, jamais on ne rencontre un ivrogne, un être cherchant à oublier ses souffrances et sa misère dans les boissons alcooliques. Même dans ce dénuement, on chante partout, on s'aide mutuellement du mieux que l'on peut. La religion enseigne la charité, on est charitable, tout d'abord envers l'église que l'on craint, puis envers son semblable. Mais cette charité s'arrête là, le cœur y a été préparé, façonné, les recommandations n'ont pas été oubliées, — qu'on ne demande pas davantage. Le Napolitain comme l'Italien en général, mais plus que lui, a le cœur sec pour toutes les autres souffrances. Il torture un chien, un chat, un oiseau, un âne, un cheval, sans la moindre pitié. J'ai vu des enfants couper les pattes de chardonnerets, noyer un chat avec un raffinement de cruauté incroyable, en présence des parents, de gens âgés, n'éprouvant pas le moindre sentiment de compassion. Et ces êtres, dont l'âme s'attendrit rien qu'au narré des souffrances imaginaires ou imaginées d'un saint ou d'une sainte, deviennent féroces vis-à-vis des animaux. « L'enfer des chevaux », a-t-on dit de Naples, comme antithèse au « paradis des femmes ». Ce n'est pas l'enfer des chevaux, mais celui de toutes les malheureuses bêtes que le destin place sous leur coupe. Le cocher, le voiturier, le charretier, le jardinier, rossent leurs bêtes de somme, de bât, de trait ou de charge du matin au soir. C'est une manie de frapper tantôt du fouet, tantôt du manche. On peut voir les corricoli qui roulent vers Porticci, Poggio Reale ou toute autre ville ou village de la banlieue, chargés de 15, jusqu'à 18 personnes, attelés d'un seul petit cheval qu'on stimule par des coups qui briseraient un bras ou une jambe d'un homme. Un petit âne est chargé de fardeaux sous lesquels ses jambes fléchissent! C'est à coups de gourdin qu'on l'empêche de tomber.

Aux fenêtres des maisons, on voit des cages microscopiques dans lesquelles on détient captifs chardonnerets, pinsons, merles, pivoines, linottes. C'est à peine si l'oiseau peut se retourner. On voit apporter au marché des oies, poules, canards, pintades, suspendus par les pattes à un bâton. Chevreaux, veaux, moutons sont amenés de la sorte sans que jamais société protectrice des animaux ait cru devoir intervenir. Plus un peuple est religieux et plus, paraît-il, il devient dur aux bêtes, car l'Espagne sous ce rapport n'a rien à reprocher à l'Italie, les mœurs y sont les mêmes et les bêtes n'y ont pas un sort moins terrible que dans cette belle Italie où la douceur du climat, la fertilité du sol, la nature ensoleillée, devraient produire l'expansion de sentiments doux et généreux.

La charité à Naples et en Italie est un sentiment égoïste, le cœur y est pour peu de chose, on craint de se mettre en contravention avec les prescriptions de l'Église, on craint de méconnaître les divins enseignements, de mécontenter les saints et les saintes et de mettre en péril son salut éternel et surtout son bonheur terrestre. C'est surtout ce dernier qui préoccupe le Napolitain et la Napolitaine, quant à la vie éternelle, elle est si bizarrement, si originalement définie, que celui qui se prend à réfléchir doit nécessairement devenir rebelle à la notion de l'autre vie. Le loto entre pour une bonne part dans la chose. Tout le monde joue à Naples, le brave Garibaldi essaya d'abolir la loterie nationale, il s'aperçut bien vite qu'il venait de porter un coup terrible à sa popularité. Le tirage a lieu le samedi après midi. C'est alors un grand mouvement dans les rues; les gens tirent de leur poche des papiers, comparent les chiffres, jurent, frappent du pied, serrent les poings. Les femmes se désolent, crient entre elles. Les cinq numéros sont sortis, on lit en chiffres rouges et noirs au-dessus de la porte des bureaux de loterie les bienheureux numéros sortants, par exemple : 27, 52, 53, 87, 89. Ce sont des imprécations quand on approche, quand on frise un terne. Cinq villes d'Italie : Naples, Rome, Palerme, Florence, Milan, ont leur tirage, des millions de gens ont joué, des millions ont perdu, parfois cependant il y a débâcle pour le gouvernement; alors on est sûr qu'un tirage désastreux pour lui sera suivi d'une véritable fureur du jeu. Tout le monde joue : le riche, le pauvre, le vieux, le jeune, le malade dévoré par la fièvre. L'enfant cache des sous pour jouer, le pauvre se prive de tout pour mettre 3 ou 5 sous sur trois ou cinq numéros. On sollicite la Madone d'inspirer, de faire deviner les bons numéros. Tout événement extraordinaire a sa signification qui se traduit par un numéro. Un suicide, un accident, un mari du quartier trompé par sa femme, un naufrage, un incendie, un rêve, tout est interprété. D'autres joueurs et joueuses implorent la Madone et si cela n'a pas d'effet, c'est que les supplications n'ont pas été assez éloquentes et on recommence. A côté de la loterie officielle du gouvernement, il y a des loteries interlopes qui ont des agents dans tous les quartiers, on peut jouer deux sous, le gain est réduit, mais la loterie est mieux à la portée des toutes petites bourses. Les hardis entrepreneurs de ces loteries clandestines font rapidement fortune; le gouvernement les traque bien, mais ils se réjouissent de la sécurité la plus complète, personne n'essayerait de les trahir. A Naples plus qu'ailleurs on est si heureux quand on peut jouer un tour au gouvernement! Pour ce monde de pauvres, de misérables, un ambe, un terne, c'est le bonheur pour longtemps. Avec deux francs le pauvre peut se jeter pour un jour dans les délices, la volupté, la débauche et la prodigalité. Il peut prendre une voiture et une courtisane, aller dîner à la campagne sous la tonnelle, manger du maccaroni à satiété, boire du gros vin rouge, faire la charité au plus pauvre que lui, prendre au retour un café dans quelque estaminet de la route et se pourvoir encore pour la semaine suivante d'un certain nombre de numéros. On vend les listes des tirages d'une année, de plusieurs années en arrière, il est des enragés qui consultent des collections et sauront vous dire quels sont les numéros qui, n'étant pas sortis depuis 3, 4 ou 10 ans, doivent inévitablement avoir leur tour — seulement ils ne savent pas quand.

XV

LA LÉGENDE DE SAINT JANVIER. — LES SAINTS. — LE CHOLÉRA.

Saint Janvier et une quarantaine d'autres bienheureux, plus la Madone du Carmine, sont les protecteurs en titre de la ville de Naples et des Napolitains. Saint Janvier surtout a la plus grosse besogne, c'est lui qui arrête les éruptions du Vésuve, et les ravages du choléra, c'est lui qui intercède en faveur de ses protégés dans toutes les grandes occasions où la cité et la population sont en danger. Les autres saints se partagent entre eux la petite besogne, ils ont les querelles domestiques, les aventures, les peccadilles, les moments de colère accompagnés de coups de couteau, etc. La Madone du Carmine s'occupe des pêcheurs, des marins et de la loterie, ce sont surtout les joueurs, et ils se comptent par centaines de mille, qui lui rendent l'existence céleste désagréable. Saint Janvier est né d'une famille illustre en l'an 272 de l'ère chrétienne. Ses parents appartenaient à une famille romaine, les Januarius venus en Campanie, sa mère Teonoria était une Amatus. Un samedi du mois d'avril 272, dame Teonoria, qui avait presque renoncé au bonheur d'être mère, mit au monde un fils, Publius Faustus Januarius. On prétend que le bonhomme se réjouissait déjà dans le sein de sa mère, quand celle-ci pratiquait les vertus recommandées par l'Église. On dit aussi qu'il vint au monde les mains jointes, et on ajoute qu'après sa naissance, il refusait absolument de teter un vendredi, plus tard il jeûna selon les prescriptions de l'Église, il ne pouvait encore parler que déjà il faisait des signes pour engager ses proches à la charité. Pendant son enfance le futur saint édifia chacun par sa piété et sa charité, il visitait les prisonniers, il fréquentait les églises et les catacombes, il faisait aux enfants de son âge le récit des souffrances des martyrs. A l'âge de 12 ans il était enfant de chœur, il avait déjà fait des miracles, guérissant des malades, ressuscitant des morts, confondant les hérétiques par des écrits remarquables. Il avait trente ans quand le clergé de Bénévent l'élut comme évêque, il ne voulut accepter qu'après avoir obtenu la bénédiction du pape et il fit dans ce but le voyage de Rome. Il revint en Campanie, on était alors sous le règne de Dioclétien, ce terrible empereur, qui cependant avait assez bien débuté dans la carrière, puisqu'il avait supprimé les frumentarii, ces espions qui s'occupaient plus à troubler la paix dans les familles qu'à poursuivre les criminels. Mais Dioclétien malheureusement avait la bosse du fanatisme, et pour débuter et être agréable aux dieux, il fit décimer la légion chrétienne des Gaules par Maximien. Ce dernier n'aurait osé ordonner ce massacre s'il n'en avait reçu l'ordre. Avant d'aller s'enfermer à Saloné, où il mourut, d'hydropisie selon les uns, empoisonné selon d'autres historiens, Dioclétien fit mettre à mort par ses agents une masse considérable de chrétiens. Il avait en Campanie un préfet, Dracon Labienus, qui se vantait d'avoir rempli un cimetière de corps de suppliciés. Dracon Labienus, ayant entendu parler de l'évêque Januarius, fit d'abord arrêter ses amis, puis l'évêque lui-même qui était venu prier pour eux ; tous les prisonniers furent enfermés dans les prisons de Pouzzoles. Pendant que ceci se passait, le proconsul fut changé, Timothée succéda à Dracon, il se rendit à Pouzzoles et ordonna que l'on conduisît les prisonniers au supplice. Ils furent attachés au char du proconsul et conduits à travers les rues de Pouzzoles au camp Marciano, où ils furent décapités. Une jeune chrétienne du village d'Antignano recueillit quelques gouttes du sang du saint dans une petite fiole. C'était le 19 septembre de l'an 303, Timothée le proconsul mourut à l'instant où l'évêque de Bénévent était décapité. Les chrétiens de la contrée enterrèrent les sept corps dans les campagnes de la Solfatarre. Plus tard on enleva le corps de l'évêque, qui fut apporté dans une basilique de Naples ou dans les catacombes. A partir de ce moment, il n'est pas de circonstance solennelle dans laquelle le saint n'intervient pas en faveur de sa ville natale. En 685 il arrête les effets d'un tremblement de terre, il domine tous les autres saints. En 837 (*La légende de saint Janvier par John Peter*), on frappe une monnaie à son effigie. Toutefois le corps du bienheureux Januarius était destiné à voyager: le duc de Bénévent l'enleva et le plaça dans la cathédrale de cette ville, ce n'est que six siècles plus tard qu'il fut rendu aux Napolitains. La légende, à part quelques détails pittoresques, peut être acceptée en sa partie historique, mais en ce qui concerne la liquéfaction du sang de la fiole, ce n'est que onze siècles après la mort du martyr qu'on commence à en parler. C'est en effet à cette époque que s'accrédite l'histoire de la fiole qui contient un peu de sang, lequel se liquéfie en certaines circonstances solennelles, tout d'abord c'était quand on approchait la fiole de la tête du saint. Plus tard on fit jouer à cette fiole un rôle politique ; elle devait guérir les souverains, puis elle intervient dans les guerres civiles, elle se prononce pour la république contre les Bourbons, pour Murat, pour le roi Joseph, puis pour Ferdinand, enfin elle est docile aux exigences de Garibaldi, puis du roi de Piémont. Cette relique est présentée sous la forme d'une couronne surmontée d'un diadème et d'une croix, au centre se trouvent deux petites fioles. La tête de saint Janvier est placée sur un autel, et on dépose à côté le reliquaire ; dès que les reliques sont en présence, le miracle se produit. Comment? C'est là le mystère ! Le prêtre se borne à crier « Il miracolo e fatto », il ne se charge pas de l'expliquer. Les savants, les chimistes et même les teinturiers seraient très désireux de voir la chose de près, mais il ne leur est pas donné de se rendre compte des causes du miracle. Il s'agit là d'une cérémonie qui a lieu dans une cité de croyants, en présence de convaincus, et si nos idées sont suffisamment avancées, si notre raison se refuse à croire au miracle, en revanche les moyens et la faculté de se rendre compte du phénomène manquent encore. Il est possible qu'un jour un gouvernement un peu audacieux, un peu mécréant, interviendra et révélera le mystère. Pour le moment on prétend qu'il s'agit d'un peu d'eau chaude qui pénètre sur une substance colorante au moyen d'un tuyau invisible. Le prêtre montre à la foule le reliquaire, il le renverse pour constater la solidité du contenu, alors l'eau pénètre « Il miracolo e fatto ».

Quoi qu'il en soit, jamais personne n'a pu se rendre compte de la façon dont la chose est menée, elle a rendu des savants méditatifs, elle a convaincu des mécréants, et elle remplit d'aise le cœur de centaines de mille Napolitains qui ne demandent qu'à croire. C'est un besoin de la race, il faut une forme à offrir à sa vénération, elle est trop ardente, trop passionnée, trop amante des choses des sens, pour se contenter d'une adoration mystique, il lui est resté du paganisme le besoin des choses qui répondent à ses sens. Si les païens ont eu des images taillées dans le marbre, coulées dans le bronze représentant leurs faux dieux, les dévots catholiques des pays ensoleillés aiment à voir leurs saints ayant une forme humaine. Peintures murales, statues religieuses, grossières images du foyer domestique, variété inouïe de bienheureux et de bienheureuses qui s'occupent de ceux qui les prient et les adorent. En temps ordinaire les fêtes de tous ces saints et saintes sont surtout celles des fêteurs, la Noël par exemple est une véritable orgie de table et une occasion solennelle de bombance. D'autres fêtes donnent lieu à des démonstrations de rue avec musique, salves des mortiers, exhibition d'oripeaux, de toilettes, débauche de fleurs. En janvier c'est la bénédiction générale des ânes, mules et mulets, par saint Antoine. A d'autres époques de l'année, selon les quartiers, c'est saint Dominique, saint Pascal, saint Matthieu, saint André, saint Barthélemy, puis plus de 200 madones. Tous et toutes ont leur jour et il y en a bien des centaines. Comme je le dis, en temps ordinaire ces fêtes de saints et de saintes, cette adoration ne sortent pas du domaine des réjouissances de rue ou du foyer. Mais que le Vésuve coule un peu de lave, que le colosse de feu secoue ses pieds et fasse vaciller les clochers, crevasser les édifices, que le soir un torrent de lave rouge se détache dans l'obscurité des nuits, menaçant, incandescent comme les flammes éternelles ! qu'une épidémie fauche les morts par centaines ! Oh alors ! c'est la terreur qui agite ces multitudes. Affolées elles se précipitent à l'autel, à l'image, elles se prosternent et s'humilient, prises de peur elles supplient ces figures froides, parfois grotesques, de prendre vie, de faire un mouvement, d'arrêter le fléau.

C'est en 1884, lorsque le choléra éclata avec violence à Naples, que l'on vit des scènes qui nous ramènent en plein moyen âge. Le fléau s'abattit sur la ville et commença à effrayer la population, chaque jour il étendait son champ de bataille, les quartiers du Carmine, de Pendine, du Port, de la Vicarie, de S. Giovanni de Carbonnaro, des SS. Appostoli, puis les caves de Pausilippe furent surtout maltraités. Tout d'abord le nombre des cas et des décès fut peu remarqué, puis tout à coup le fléau, le *zingaro*, se manifesta avec une violence effroyable. Les quelques centaines de fondacci, vieux bâtiments antiques, sortes de casernes ayant une cour au centre, réceptacle d'immondices et d'eau putride, devinrent des charniers. En une nuit Naples compta plus de 800 décès, ce fut alors non plus la peur, mais l'épouvante et la panique. Dans tous les quartiers s'agitait la foule, on n'entendait que pleurs et gémissements, prières et supplications, on débarrassait partout les images de saints et de saintes recouvertes en 1860 d'une couche de plâtre, on plaçait des cierges, on rallumait les lampes éteintes qui autrefois brûlaient toute l'année, on accumulait les fleurs devant les images, aux autels des églises, puis les processions s'organisèrent. Hommes, femmes et enfants avec saintes bannières traversaient les rues se rendant aux églises. Spectacle lamentable! on oubliait tout, on négligeait tout, on ne balayait pas, on n'avait en rien modifié ses habitudes et sa manière de vivre, sauf que la misère étant partout, les gens manquaient absolument de moyens de résistance au fléau. Il aurait fallu nettoyer, laver, aérer! On s'agenouillait, on priait. Il aurait fallu se bien nourrir, prendre des habitudes d'hygiène, de propreté, mais on ne le pouvait guère. Les cuisines économiques, dont l'installation et l'approvisionnement étaient dus au dévouement des gens éclairés et fortunés, étaient insuffisantes, elles ne pouvaient suffire aux besoins de 200,000 êtres affamés. Mais ce n'est pas tout, personne ne voulait croire à une invasion fortuite, on accusait les riches de chercher à se débarrasser des pauvres. On vit des pères de famille, des jeunes gens couteau en main défendre menaçants l'entrée de leur logis contre les autorités, contre les médecins, contre les membres des associations accourues de toutes les villes d'Italie pour soigner les blessés et pour enterrer les morts. La légende des empoisonneurs s'était répandue «u veleno!» Le poison, entendait-on dire dans le peuple. On voulait exterminer, détruire, faire disparaître la race pauvre. Des scènes horribles se produisirent. Il fallut toute l'abnégation de citoyens courageux, car en cette Italie à contrastes, le dévouement et l'héroïsme coudoient l'égoïsme et la lâcheté, il fallut l'abnégation du clergé, qui cette fois-ci se montra vraiment admirable, pour avoir raison de l'affolement. Le cardinal-archevêque, beau vieillard, figure des temps bibliques, fut le premier au danger, son exemple retrempa les courages faiblissants, le roi Humbert vint lui-même sur le champ de bataille, il parcourut les rues infectées, il visita les hôpitaux, s'arrêtant devant le lit de chaque malade et il y en avait des milliers, et bientôt vaincu le fléau diminua d'intensité. On avait bien eu en 1854 une épidémie du genre, mais elle n'avait pas fait fureur comme celle qui 30 ans plus tard devait épouvanter la population. Il en était resté une fête religieuse, celle dite du choléra. La cour, les autorités, les administrations, l'armée y prenaient part. L'armée allait défiler au Champ de Mars, on lui passait pour cette journée la double solde, et la calamité dont on rappelait les ravages, était l'occasion d'une fête joyeuse. Sous le nouveau régime on n'a pas institué de fête en commémoration des ravages du fléau, mais on a secoué la torpeur de l'édilité et cherché à éveiller dans la population des idées sur l'hygiène, la salubrité, la propreté. C'est à peine si on a réussi, car le mal se perd dans la nuit des siècles, il est inhérent à la race, il est la conséquence du climat, de la facilité d'existence, de la légèreté et de l'insouciance, des mœurs, des habitudes, des traditions. Comment veut-on avoir raison des pratiques superstitieuses, quand dès l'enfance la population est habituée à croire à la vertu du scapulaire, aux maléfices, à la gettatura, aux devins, à la signification évidente de choses qui frappent fortuitement la vue, à la signification de simples accidents, d'un verre qui se brise, d'un objet de toilette mis de travers? Ces gens croient aux songes, aux somnambules, aux devins, aux sortilèges, aux esprits. Des maisons sont hantées par des revenants, par des esprits domestiques, par de petits moines. La crédulité de la population tient du fantastique ; les saints, les saintes, l'esprit malin, le diable, jouent tour à tour un grand rôle dans leur existence. Il y avait autrefois près de la Vicarie une croix énorme peinte en rouge à laquelle pendaient, agités par le vent, des centaines d'*ex voto*. Mains, bras, jambes, pieds, têtes en cire. C'étaient des malades qui croyaient plus particulièrement à l'efficacité et à la puissance du saint auquel ils demandaient la guérison d'un mal les affligeant.

Le gouvernement fait bien tout ce qui est possible pour cultiver les esprits, il faut commencer par élever de nouvelles générations, il faut que ces générations arrivent à maturité et puissent alors faire entendre leur voix. Simultanément on travaille aussi à vaincre les difficultés matérielles, Naples est à peu près balayée en ses rues les plus populeuses, les autres le seront peu à peu, on n'attendra plus l'eau du ciel pour nettoyer la dalle. Naples a maintenant dans tous ses quartiers l'eau claire et saine du Serino, elle a été introduite dans toutes les maisons de construction nouvelle. On veut construire pour la *bassa gente* des maisons saines, sèches, aérées, mais ce sera difficile, car alors ce ne sera plus la population pauvre qui pourra les habiter.

XVI

LE PAYS DES CHANSONS. — LA FÊTE DE PIÉ DI GROTTA. — LA CHANSON EN VOGUE. — LARIULA ET MUGLIEREMMA CUMME FA. — LES ZAMPOGNARI DE CALABRE ET DES ABRUZZES.

J'ai parlé de l'ombre, de la misère, des souffrances, des misérables, de la Naples attristante, mais le soleil est à côté de l'ombre, la joie à côté des souffrances et ce peuple un peu enfant oublie dans un rayon de soleil les tristes réalités de la vie. Le jour de la Toussaint, par exemple, vous voyez des foules innombrables se porter vers les cimetières, aux portes du Campo Santo ; devant cette lugubre nécropole où on venait déposer, devant le trou béant du jour, les morts de vingt-quatre heures, on voyait une multitude d'étalages de marchands de fruits, marrons, figues, nèfles, grenades et une infinité d'autres variétés. C'étaient les fruits des morts. Nulle affliction sur les visages, nulle trace de deuil, sauf chez ceux qui ont perdu récemment un des leurs. On vient surtout visiter le Campo Santo des riches, il est situé sur une éminence à gauche de la route poudreuse qui conduit à Poggio reale. De la route on voit à travers les ifs, les pins et autres arbres toujours verts, les tombeaux de marbre, les colonnes et les monuments. Les pauvres n'ont qu'un regret, c'est de ne pas être enterrés là, tant c'est beau. Le Napolitain aime en effet tout ce qui est beau, tout ce qui frappe par la forme, l'élégance, l'éclat des couleurs. Il aime passionnément la musique, et rien n'égale l'originalité de celle-ci, le charme de certaines chansonnettes, l'allégresse et l'harmonie de la mélodie. Dans tous les quartiers, dans les rues populeuses, où une place est libre, c'est là que s'installe le marchand de chansons, elles sont piteusement imprimées, agrémentées d'une image grotesque, quelques-unes sont naïves, d'autres voluptueuses, beaucoup spirituelles, empruntant à quelque événement ou l'actualité ou le sel. Les amants viennent acheter leur cas pour un sou, tel boute-en-train y cherche quelques couplets amusants à chanter en société, les soldats y trouvent aussi des chansons de caserne : « Le bersaglier en Afrique ». Les marins et pêcheurs ont leurs poêmes, les âmes candides ou poétiques désirent une sérénade pour amoureux, puis il y a des chansons de Calabre, des îles, de la montagne et de la plaine. Ce que Naples produit de chansons populaires en une année tient du fantastique. A part la chanson politique peu cultivée et qui n'eut sa vogue que lorsque Garibaldi fit son entrée à Naples après l'expédition des Mille, le reste est tout dans le domaine pittoresque et de l'imagination. Alors on chantait la « Camiccia rossa, camiccia ardente », puis un peu

> « Fin ai muri di San Pietro
> « Franceschiello[1] a dietro
>   La liberta!!

Aujourd'hui la chanson populaire dans l'atmosphère paisible des temps présents est redevenue ce qu'elle était: badine, poétique, joyeuse, la politique n'intéressant que médiocrement l'immense majorité du peuple.

Naples est le vrai pays de la chanson, les poètes pullulent, la langue napolitaine se prête du reste si bien à la poésie et son débit chanté est si agréable à entendre! Dans la nuit la man-

---

[1] Franceschiello — François II, le dernier des rois Bourbons.

doline retentit, accompagnant la voix d'un amoureux.

> Ammore è proprio comm' a nu cardiello ;
> Tene li schelle d'oro, e canta e vvola.
> Astrint-' astrinto mpietto tienatillo
> Coma sta lu Cardillo ont' a Cajola.
> E statt' attiento nun' o fa scappà : :
> Si ammore scappa, chiù nun turnarra ! !
> Zitto, zitto stu barcone
> Vien' arape, Filumè
> Viene sient e sta canzone,
> Che a cantà stongo per te !

C'est l'amour au clair de lune, les soupirs, les appels attendris, c'est la sérénade pendant les belles nuits lumineuses et brèves, le chant des amoureux de vingt ans.

Voici le chant de l'amant qu'on fait attendre, l'impatience, le dépit, l'appel désespéré. La chansonnette a pour titre : « Ntreté, fa priesto ! ! »

> Siente, li castagnelle, tamorre e siscarielle
> La folla scenne allava, cotorce e lapioncielle
> E nuie co sta varchetta, vocano a core a core
> Sulo li pisce a mmare, appurano st'ammore
> La luna ca mo strenne, cchiù notte s'annasconne
> E restarammo o'scuro... Ntreté mmiez' a chest'onne
>   Piglia le remme
>   Bella ntreté
>   A Pièdirotta
>   Viene comme.

Voici la chansonnette vive, la vraie fusée joyeuse sur la Santarella que tout le monde veut voir.

> Da cinquantasette sere
> Seja sempe santarella,
> Tutte correne a vedere,
> Sta commeddia tanto bella
> Dunque pare che scarpetta
> Pare dinto sannazzare
> Senghe sempe la cascetta
> E a zeffunno fa denaro !
> Quacheduno assicurava
> Che pezzene reve lla !...
> Che llia dinto s'atterava
> Uh ! che ciuccio
>   Embé...
>   E gia !
> Chille crepano scarpè
> Santarella — santaré.

La chanson à la nourrice, celle du bersaglier en Afrique, celle de l'amoureux puni et cent autres appartiennent au genre badin, qu'on entend dans les cantines, dans la rue, devant les cafés. Il faut comprendre le napolitain pour saisir l'assonance, les finesses et la prodigieuse volubilité du débit. L'amour joue un rôle presque exclusif dans la production poétique Capille nere et Capille d'oro. Cheveux noirs et cheveux d'or. Che buo fa, c'est le titre d'une petite chansonnette langoureuse désespérée, à l'adresse d'une petite nonne au visage délicieux, perdue sous sa béguine blanche et capricieuse. Les paroles sont de G. B. Curtis, le poète populaire vainqueur de la fête de Pié di Grotta.

Qu'est-ce que la fête de Pié di Grotta? C'est la fête des amours, c'est une tradition païenne adaptée aux temps chrétiens. Autrefois la cour, l'armée, le clergé s'en mêlaient; après avoir passé en revue ses troupes auxquelles il allouait la double solde; après avoir vu du balcon du palais défiler ses Suisses en habit rouge et pantalon blanc, sa garde royale en bonnets à poil, ses artilleurs et ses cavaliers, le roi, la reine et leurs enfants se rendaient hors de la grotte sur la route de Pouzzoles où une foule énorme se donnait rendez-vous. Partout des tables dressées sous le feuillage, dans les jardins, sur les places et dans les rues. C'était un gigantesque concert de guitares, mandolines, violons, orgues, pianos ambulants et de chants. Et comme on dit : « Si mangia, si beve e l'amore si fa », les belles s'y rendent en masse, en toilette du dimanche, longue épingle d'argent dans les cheveux, grandes boucles aux oreilles, cherchant des yeux un cavalier, qui se fait attendre. Autrefois le roi et les siens se mêlaient à la foule, mais il y a longtemps de cela, ils s'arrêtaient dans les groupes et se promenaient volontiers en vrais bourgeois parmi les gens de fête. C'est à Pié di Grotta que se nouaient des relations qui conduisaient les bienheureux à l'autel, c'est aussi là que le couteau jouait à propos d'un rien. De tout le pays à la ronde on accourait, en corricolo, en voiture, en barque. La célèbre chanson de la Sorrentine, si populaire, si gracieuse

Io la vedi a Piè di grotta!

dit assez que de Sorrente même les belles accourent à la fête. Aujourd'hui elle est un peu déchue de son ancienne splendeur, mais elle est restée le grand concours des chansons. Le 7 septembre, dès l'après-midi, la foule commence à se porter vers le bas de la rue de Tolède, à San Ferdinando, Chiaïa et dans les rues qui conduisent à la grotte de Pausilippe. Dans la foule circulent des équipages, des chars enguirlandés, montés par des orchestres dans les costumes les plus fantastiques; tout autour s'agitent des personnages affublés, costumés, coiffés de chapeaux gigantesques, couverts de plumes et plumets, porteurs de torches, de flambeaux, de transparents, de tambourins, de battes et d'autres instruments avec lesquels ils marquent en cadence les éclats du clairon, ou les sons nasillards de la cornemuse. Les chars se succèdent, les chevaux sont conduits par des cavaliers, l'imagination a été mise à la torture pour découvrir quelque originalité de costume, d'organisation, de musique, se distinguant des autres par la richesse, le goût et le caractère. Chaque char a sa chanson, composée pour la circonstance, et c'est le peuple qui sera le jury, c'est lui qui prononcera; celle de ces chansons qui frappera plus particulièrement son attention sera acclamée et demandée; c'est alors un engouement qui tient du délire, l'auteur et le compositeur recevront la prime et la chanson sera celle de l'année : elle aura les honneurs des salons et des cabarets, des pianos à manivelle et des orgues de Barbarie. On l'entendra partout, à la rue, dans la caserne, dans la campagne et dans la montagne, sur les côtes et sur les mers, les marins l'emporteront sur d'autres continents. L'an dernier, la chansonnette primée et en vogue était « Lariula ». Elle était primitive, d'une naïveté si drôle, si comique ! On comprendra aisément à ces quelques lignes le caractère de la chanson de 1888.

> E quanno è chesto, siente che te dico
> Io faccio ammore cu na farenara
> Tene nu maggazzino int' a stu vico
> L'uocchio che ten so' na cosa rara !

Le refrain était endiablé, on ne pouvait l'entendre sans être pris, sans avoir la tête pleine de

> A Lariula
> Laria - lariu - lariula
> L'ammore s'è scetato,
> S'è scetato e Lariula !

Cette année la foule s'est jetée d'acclamation sur une poésie de G. B. Curtis et sur la composition du maestro Valente. Le jury, composé de 100,000 jurés, 200,000 peut-être, écoutait sans se prononcer, il manquait quelque chose, les chansons étaient charmantes, beaucoup délicieuses, mais il y manquait le dernier coup, le caractère populaire et napolitain. C'est alors qu'on vit paraître un grand équipage portant un orchestre, et devant, sur un gigantesque tambourin, on lisait!

> Muglieremma cumme fa !

Et au son des tambourins et de l'orchestre un trouvère lançait son joyeux couplet, provoquant des acclamations enthousiastes. De tous les côtés on s'arrachait la chanson imprimée jetée du haut du char. Muglieremma cumme fa (ma femme, comment fais-tu ?). Le poète Curtis et le maestro Valente étaient vainqueurs.

Ceux de nos lecteurs qui connaissent le dialecte napolitain pourront sans trop de peine apprendre bien vite la chanson de l'année. En voici les paroles :

>Giglio janco e giglio russo
>Vaco ne' cerca 'e' na guaglioria ;
>Piett'e neve e fuoco o' musso...
>   Si se guarda fa tremmà !...
>Gira, Gira... e se si trova
>Lass' a vecchia e piglio' a nuova...
>   E muglieremma cumme fa ?

>   E si se trovano chiste belizze
>   Ah !! O paraviso vi che sarrà !!

>Stell' argiento e stella d'oro
>Nœ sbareo ogne mumento
>Si cchiù penzo me ne moro
>So' figliulo e aggià campà !
>Gira, gira... e si se trova
>Lass 'a vecchia e piglio' a nova
>   E muglieremma cumme fa ?...

>   E si se trovano chiste belizze ;
>   Ah !...! O' paraviso vi che sarra !

Penna rossa e penna janca
Comm' a e l'orme chisto core
Sbatte, sbatte, e nun si stanca..
O Penziero è sempe llà!...
Gira, Gira... e si se trova
Lass' a vecchià et piglio nova
E muglieremma cumme fa ?...

E si se trovano chiste bellizze
Ah! O paraviso vi che sarra!!...

Muglieremma cumme fa.

Transposée pour Piano, par E. Tuczeck.

Paroles de G. B. Curtis. Musique de Valente.

A TRAVERS L'ITALIE

L'automne est venu, puis l'hiver, le vent du nord souffle parfois violent et froid. Sur la cime du Vésuve, la neige forme un capuchon blanc, quelquefois une légère couche de glace couvre les bassins des fontaines, pour le plus grand étonnement des gamins, qui s'extasient et regardent au travers de ces verres fragiles. On frissonne dans la rue, les *braseros* fument partout, on se groupe autour, regrettant le beau soleil de l'été. Mais l'hiver sera court, et on l'aime aussi, car il ramène Natale, la fête par excellence, celle des familles pauvres et riches; on s'y prépare des semaines à l'avance, on économise sou par sou, on portera au mont-de-piété tout ce qui n'est pas indispensable : — bijoux, linge, meubles, — il faut de l'argent. Dans la nuit c'est un vacarme épouvantable, on se prépare aux plaisirs de la table, les parents disent aux enfants : « E venuta la bella giornata ! » Les églises sont pleines le matin, le soir ce sont les cantines, les *osterie*, les restaurants, les cafés qui regorgent de monde. C'est à l'occasion de Noël qu'arrivent des montagnes de Calabre et des Abruzzes des milliers de virtuoses, d'un genre tout particulier. Ce sont les *zampognari*, leur instrument est la *zampogna* ou cornemuse. Généralement ces artistes s'associent par groupes de 3 à 5 exécutants, deux d'entre eux, selon le cas, jouent d'une sorte de clarinette courte, façonnée dans le tube d'un gros roseau, instrument criard s'il en fut, mais dont les sons atténués par l'accompagnement de la cornemuse produisent une musique originale et qui ne manque pas d'un certain charme. La cornemuse calabraise ou abruzzaine paraît être l'instrument que les Romains empruntèrent aux Grecs, la *tubia utricularis*, elle est restée en grand honneur et l'âpreté de ses sons convient bien à ces pays et à leurs mœurs quelque peu primitives. La *zampogna* est une outre en peau de mouton qui s'enfle comme un ballon, trois chalumeaux à anches y sont adaptés, deux de ces chalumeaux donnent le son d'accompagnement, la note basse, l'autre sert à diversifier le son par le jeu des doigts. L'échelle de cet instrument un peu monotone embrasse trois octaves. Les vrais artistes savent tirer de la cornemuse des sons vraiment surprenants, une mélodie plaintive d'un charme indéfinissable. Aux temps des Bourbons ces virtuoses entraient par bandes innombrables dans la capitale, dès les premiers jours de décembre, ils choisissaient leurs places devant les niches où on plaçait les images des madones ou des saints, et le vaste concert commençait. La statistique était à cette époque aussi primitive que les mœurs, et il faut s'en rapporter aux propos des gens du temps qui prétendent que Naples hébergeait alors de 15 à 20,000 *zampognari*. Le roi leur payait dix sous par jour, ce qui, avec les quelques sous qu'ils tenaient de la libéralité et de la piété de la population, constituait une journée très passable. A l'aube le *zampognaro* venait prendre la place qui lui était dévolue et il jouait jusque fort tard dans la soirée. Aujourd'hui ces mœurs se sont un peu perdues, les  *zampognari* accourent encore en foule dans la capitale, pendant les fêtes de fin et de renouvellement de l'année, mais ils ne perçoivent plus la solde royale, ils en sont réduits à tendre le chapeau, à compter sur la bienveillance de la population et sur sa charité, qui est plus inépuisable que leur répertoire, en général fort peu varié.

XVII

LES RÉGIMENTS SUISSES AU SERVICE DES BOURBONS DE NAPLES. — LEURS MOEURS, LEUR SERVICE, LEUR ORGANISATION, LEUR RÔLE. — LEUR DISSOLUTION.

Bien que ces renseignements n'appartiennent pas à proprement parler à un volume d'impressions passagères et de voyage pittoresque, ils sont curieux et intéressants, ils sont peu ou pas connus et ils appartiennent à l'histoire de Naples et des Bourbons.

Nous avons dit que François Ier ne comptant plus sur ses troupes, qu'un moment cependant il appelait ses «fedeloni», avait décidé la création de quatre régiments et d'une batterie d'artillerie de troupes racolées en Suisse. Ces régiments comptaient huit compagnies de fusiliers et quatre compagnies d'élite, dont deux de grenadiers, et deux de voltigeurs, plus une section d'artillerie. Les troupes suisses portaient l'habit rouge et le pantalon bleu, alors que les troupes napolitaines portaient l'habit bleu et le pantalon rouge. Les régiments suisses au service de Naples avaient été pour ainsi dire copiés sur ceux au service de Charles X. A la tête du régiment il y avait un colonel, un lieutenant-colonel, deux commandants, un capitaine quartier-maître, un grand-juge, un aumônier et un médecin en chef, chaque compagnie était commandée par un capitaine, elle avait trois lieutenants. Une chapelle militaire et une fanfare, un tambour-major, 40 tambours et les clairons des compagnies de chasseurs. Les compagnies comptaient, en sous-officiers, 1 sergent-major, 4 sergents, 1 fourrier, 8 caporaux et un certain nombre de vice-caporaux. Chaque compagnie avait un sapeur, un frater et plusieurs tailleurs, un cireur et deux blanchisseurs pour les pantalons d'été. Les officiers supérieurs et subalternes touchaient des soldes très élevées, les sous-officiers et les soldats étaient mieux payés que ceux de l'armée napolitaine. Les soldats d'élite touchaient 5 sous par jour, les fusiliers 4, il était versé 8 grains à l'ordinaire, le soldat recevait le matin à 8 heures une soupe aux légumes et viande, à 1 heure après midi une soupe aux pâtes, haricots, farine, puis un pain d'environ deux livres tous les deux jours.

La tenue était pour le quartier : la fatigue, sorte d'uniforme en toile bleue, lisse, fort commode en pays chaud, une veste blanche pour le service de ville et la sortie en été, un habit rouge pour les dimanches et la parade, la capote pour l'hiver et la pluie. Le bonnet de police bleu à large bande rouge était la coiffure de sortie pour la semaine, le képi haut de forme pour la sortie du dimanche et le service de garde, qui était presque exclusivement celui qu'effectuaient les troupes suisses à Naples. Troupes d'élite, manœuvrant au cordeau, maniant le fusil avec un ensemble, une précision extraordinaires, les Suisses au service napolitain se réjouissaient d'une tranquillité vraiment bourgeoise. Tout était réglementé, fixé, déterminé, les gardes montantes et descendantes, les corvées, les services de quartier tout cela marchait, on peut le dire « à la baguette » car la baguette était en honneur, on le verra plus loin. Point de marches, d'étapes de grandes manœuvres, de fatigues ou exigences extraordinaires ! Le matin à l'aube on donnait lecture des services du jour, c'étaient les gardes, les piquets d'église, les processions, quelquefois le théâtre ou « spazzamento ». Ce dernier service consistait à accompagner des galériens riches, qui recevaient l'autorisation de quitter le bagne, de se promener dans la ville, de visiter leur famille, en costume du bagne, rouge jaune ou gris, suivant la peine. Le soldat, baïonnette au fusil, escortait son prisonnier partout, il n'est pas signalé un cas où ce dernier se serait échappé. La vie des casernes suisses était relativement animée, 2000 soldats logés dans un vieux couvent ou dans quelque grand édifice y apportent un certain mouvement. Dans la journée c'était le nettoyage des chambrées, des armes, des fourniments ; le soir à la rentrée, après la retraite, c'était l'appel, la prière dans les cours, puis la bruyante vie des chambrées, les chants, les cris, les rixes, les jeux. Les Suisses n'avaient presque aucun rapport avec la population civile, la langue aurait rendu ces rapports difficiles, de plus les Napolitains n'aimaient pas les Suisses et ceux-ci le leur rendaient avec usure. Ce n'était du reste que répondre aux vues et à la volonté de la cour qui tenait à ses Suisses comme à des gardiens vigilants, c'étaient des chiens de garde au collier muni de gros clous, n'acceptant rien de l'étranger, pas même une caresse. Ils n'avaient aucun rapport avec les autres troupes, on s'était arrangé pour faire relever les gardes suisses par des gardes suisses, à leur assurer des garnisons spéciales et même des quartiers déterminés. Un régiment tenait garnison à Palerme, les trois autres à Naples et le 13e bataillon de chasseurs créé en 1852 tenait garnison à Maddaloni. Ferdinand II, devenu craintif et cruel, se montrait peu depuis la révolution de 1848, tout au plus commandait-il en personne quelques manœuvres au Champ de Mars, mais là encore il fut effrayé. Le jour de la fête dite du Choléra, le 6 décembre 1856, Agésilas Milano, un Calabrais, soldat dans un bataillon de chasseurs, lui avait lancé un coup de baïonnette. Milano avait été pendu sur la place San Francesco en présence de toute la garnison de Naples. Depuis ce jour le roi qui avait été fort impressionné restait presque constamment à Caserte, dans le magnifique palais aujourd'hui propriété de la cour d'Italie. Là il était au milieu de sa garde royale, beaux soldats choisis, triés, aux grands favoris noirs, aux bonnets à poil comme ceux de la garde impériale de Napoléon Ier.

Le service des régiments suisses était aussi doux que peut l'être le moins pénible des services militaires; la recrue, après avoir passé plusieurs mois au bataillon d'instruction, après avoir été dressée aux trois pas, aux trois charges, à une quantité de maniements d'armes très ingénieux, de caractère de parade, était versée au bataillon et faisait le service. Deux nuits dans le lit et une nuit de garde, entre deux les corvées de quartier, les piquets à la caserne, les processions, les piquets d'église, le service des galériens. Et c'était tout. Sous le régime des Bourbons l'Église jouait un rôle aussi actif qu'à Rome; les curés des paroisses, les dignitaires trouvaient à tout instant à propos et nécessaire de réveiller le zèle des fidèles en organisant des processions splendides. On sortait un saint ou une sainte d'argent massif, une image, une bannière d'une église, on encombrait la rue; devant venait une chapelle militaire, puis les membres du clergé, les fidèles, les enfants de chœur, balançant les ciboires sacrés et encensoirs; la rue s'emplissait de vapeur odoriférante, les pétards tonnaient, la musique parlait aux sens, et la procession flanquée de soldats suisses, en habits rouges, passait soulevant sur son passage les manifestations de la foi. C'était un tableau frappant les sens et profitable à l'église. Et cela se renouvelait tous les jours sur un ou plusieurs points de la capitale, tantôt dans quelque basilique somptueuse, tantôt dans quelque pauvre petite église d'un quartier populaire. Dans les casernes on aimait ces services d'église, peu fatigants, amusants même, et qui rapportaient toujours quatre à cinq sous à chaque homme. On aimait généralement mieux cela que les piquets en caserne, les corvées, les gardes de chambrée ou autres. Ces curés, ces ecclésiastiques étaient au fond de bonnes gens, acteurs d'une comédie, très reconnaissants à ceux qui contribuaient à la faire réussir, à grossir l'encaisse. Les troupes suisses s'étaient faites à ces services, on commandait les hommes pour les processions avec autant de sérieux que s'il se fût agi d'une garde à la Darsène ou à la Zecca, l'hôtel des Monnaies. Il n'aurait pas fallu demander à ces braves des renseignements sur la façon de monter une tente, de la descendre, sur le service des avant-postes, sur celui des reconnaissances ou autres, ils eussent été assez embarrassés. Ce n'est pas à dire que ces régiments fussent des troupes efféminées, inaptes à supporter la fatigue et n'ayant de militaire que l'uniforme. Nullement; les quatre régiments étaient composés de soldats ayant conscience de leurs devoirs, prêts à se mettre en ligne non seulement pour une parade, mais pour le feu. Ils avaient dû se conformer à la situation, aux nécessités, aux usages et aux mœurs d'alors, qui ressemblaient assez à celles des républiques de l'Amérique du Sud.

Et du reste une discipline de fer régnait dans les corps suisses, les moindres punitions étaient 8 jours de consigne, 8 jours de prison, puis l'échelle allait en augmentant jusqu'à 30 jours de cachot au pain et à l'eau, avec marche pesante. Au-delà c'était la *savate* et le bâton — au-delà encore le conseil de guerre, les galères ou la mort. Les ivrognes incorrigibles étaient passés à la savate, les imprudents qui dégainaient sans motif contre les bourgeois recevaient également un nombre déterminé de coups de savate, 25 ou 50, selon le cas. Les voleurs et les déserteurs, quand le cas était très bénin, recevaient le bâton, soit 25, 50 et même 100 coups ou 200 en deux fois. Le régiment formait le carré, le condamné était amené ; on l'étendait sur un banc, le dos en l'air, on le liait avec deux courroies de charge, et deux sergents prévôts qui avaient su se distinguer dans ce genre de service, appliquaient en cadence les coups de baguette de noisetier, l'adjudant du jour comptait ; le médecin assistait à l'exécution. Souvent le patient se trouvait mal, toujours, par contre, trois ou quatre recrues fraîchement arrivées au régiment tombaient, le spectacle faisait mal, mais il paraît qu'on s'habituait à tout cela comme à autre chose. Le royaume de Naples se trouvant dans une zone chaude, sa population a quelques vices empruntés aux peuples orientaux, ces vices avaient pénétré dans les casernes et les hommes, qui oublieux de leur dignité, avaient mérité une condamnation, passaient aux baguettes. On pourrait croire que nous racontons ici des choses du siècle dernier ou se passant dans un pays sauvage!! Mais non, cela se passait dans les casernes et très fréquemment. Le condamné était amené dans le carré, il enlevait son bonnet de police pour subir sa peine, et on voyait, chose horrible, la moitié de la tête rasée de la nuque au front, les sourcils d'un œil et la partie gauche de la moustache. C'était horrible à voir! Une fois le supplice des baguettes appliqué, si le condamné avait pu le supporter jusqu'au bout, il était ramené à la prison, où il restait jusqu'à ce qu'on lui eût rédigé un congé jaune, il était alors embarqué et envoyé par mer à Gênes, d'où il regagnait son pays. Si, par exemple, au lieu de 100 coups il n'avait pu en supporter que 50, on guérissait la partie blessée et après guérison on lui appliquait le reste. Tout cela est absolument vrai et a duré autant que les régiments.

Les soldats recrutés l'étaient pour quatre ans; au bout de trois ans, ils pouvaient déjà contracter un nouvel engagement pour quatre autres années, au bout de dix ans ils obtenaient un chevron, au bout de quinze ans le second, au bout de vingt ans le troisième. Avec 25 ans de service, ils obtenaient la médaille de 25 ans, à trente ils avaient droit à la pension entière, ou bien à entrer dans le corps des invalides casernés au fort Saint-Elme.

La prime d'engagement était de 36 ducats; pour les recrues, elle était réduite d'une quantité de dépenses, frais de voyage, fonds de masse, frais d'habillement, en sorte qu'un homme qui s'engageait le faisait pour 3 ou 4 pièces de 10 à 12 carlins, ce qui représente 3 ou 4 pièces de cent sous.

Le plus grand souci du roi et des officiers des régiments suisses était que les hommes restassent dans l'ignorance absolue de ce qui se passait en politique, non seulement à Naples, mais au dehors. Il n'y avait dans les casernes ni journaux napolitains, italiens ou étrangers, ni livres de quelque fond; les bibliothèques de régiment contenaient quelques livres religieux, d'histoire sainte ou autre et de vieux bouquins pour enfants ou peuples primitifs. Les soldats suisses éloignés de leur foyer, de leur famille, de leurs amis, vivaient dans une ignorance complète de ce qui se passait. Voyant le peuple courir les rues, de jour et de nuit, s'amuser en ville et à la campagne, vivre de quatre sous par jour, chanter, danser, rire et se disputer sans que jamais policier vînt le déranger, on avait fini par se persuader qu'il n'y avait au monde peuple plus heureux que celui de Naples, sous le règne de cet excellent roi que la diplomatie toujours tracassière avait appelé Bomba. Personne ne savait au juste ce qui se passait. On disait bien que les contrebandiers et les gens s'occupant trop activement de politique étaient plus sévèrement punis que les assassins et les voleurs, mais c'était comme une légende racontée, au sujet de laquelle on ne savait rien dire de précis.

Ferdinand II avait besoin, surtout aux dernières années de son règne, d'en imposer à son peuple; il y avait des conspirations partout; plusieurs complots très sérieux avaient été déjoués par la police, qui était très active. C'est alors que W. Gladstone jeune, ardent, écrivit sur les horreurs de Naples deux lettres restées célèbres. M. Gladstone déclarait avoir recueilli, vu et contrôlé tout ce qu'il avançait, il prenait l'entière responsabilité de ses assertions. Ses révélations firent un bruit immense en Europe, dans les chancelleries comme dans la presse, et l'opinion publique fut à même de juger le régime.

W. Gladstone signalait le *charnier* de la Vicarie. C'est un grand édifice qui occupe une place tout entière près de la porte Capoue, les fenêtres grillées étaient à cette époque constamment occupées par des grappes de prisonniers qui jouissaient de la vue du dehors. De temps à autre un surveillant armé d'une petite barre de fer venait faire résonner les barreaux, afin de s'assurer qu'aucun de ceux-ci n'avait été limé, descellé ou cassé. En dessous un factionnaire se promenait avec la consigne sévère de tirer sur tout individu cherchant à s'échapper. Les troupes de garde étaient toujours des Suisses, qui ne pouvaient naturellement pas s'entendre dans le jargon napolitain avec les détenus. Ce n'est pas de ces prisonniers qu'a parlé W. Gladstone, mais de ceux qui occupaient les souterrains et subissaient les horreurs d'une captivité qui était une torture permanente. C'est dans ces souterrains qu'étaient entassés les prisonniers politiques. La seule autorité qui régnait dans ces catacombes était celle des *camorristi*, célèbres entre tous les scélérats par l'audace de leurs crimes. Pironte, un ancien juge, passa deux mois dans ces souterrains noirs, humides, fétides, nourri de pain de son et d'une soupe nauséabonde. M. Gladstone a visité aussi le bagne d'Ischia et celui de Nisida. C'est dans ce dernier qu'un ancien ministre, Charles Poerio, et seize coaccusés furent enfermés. Nisida était aussi sous la garde de détachements suisses qui s'y relayaient après un séjour déterminé. Chaque condamné politique était accolé à un compagnon qu'on choisissait généralement parmi les plus tristes bandits des bagnes, les deux prisonniers étaient unis par une chaîne en quatre anneaux, ils ne pouvaient s'éloigner l'un de l'autre de plus de six pieds. Et c'est ainsi que furent traités des hommes qui avaient été ministres, conseillers du roi, habitués de la cour. Le bagne de Nisida s'ouvrit pour d'anciens députés au parlement, d'anciens conseillers de la couronne, des hommes ayant occupé la plus haute situation ! La condamnation de ces constitutionnels pour crime de haute trahison était un outrage aussi flagrant à la morale que si on eût fustigé en place publique des hommes honorés par le suffrage de leurs concitoyens.

Les soldats ne savaient rien de tout cela, les Suisses encore moins que les autres, ils vivaient à part dans leurs casernes, ne fréquentant pas les bourgeois, n'ayant aucun rapport, aucun commerce avec la population civile, si ce n'est avec quelques fournisseurs, avec les cantiniers ou les filles perdues de la rue Capuana. On tenait essentiellement à cette ignorance, on ne voulait même pas engager de Suisses italiens, soit des Tessinois, de crainte d'introduire des éléments subversifs et de discussion dans les régiments suisses.

Ferdinand s'en était bien trouvé, ses quatre régiments et son bataillon de chasseurs formaient une sorte de garde sur laquelle il pouvait compter, on l'avait bien vu au 15 mai, en Sicile et dans les Romagnes. Les officiers des régiments suisses appelaient le roi leur « Vecchio Padrone », tandis que les soldats qui l'avaient vu à quelques manœuvres du Champ de Mars ou à la fête de Pié di Grotta le trouvaient peu de leur goût. Il était obèse, il avait une grosse figure grasse, réjouie, barbe en collier, passant sous le menton, déjà blanchie vers la fin de son règne. Il n'avait guère l'attitude martiale, et dans les casernes suisses les soldats entre eux l'appelaient le vieux *maccaronare*. La diplomatie par contre lui a donné un surnom caractéristique qui lui restera dans l'histoire : « Bomba ». Assez mauvais cavalier, tacticien de circonstance, Ferdinand était en sa personne la négation de l'idée physique du soldat, par contre comme diplomate il excellait. Personne mieux que lui n'exerçait le rôle de charmeur, un fluide se dégageait de ce gros homme à la figure plutôt douce, aux allures simples, aux paroles pleines de bonhomie; mais c'était un fourbe, un dangereux personnage. Poerio, auquel on a élevé une statue dans la rue de Tolède, en fit l'expérience. Ferdinand II le pressait à venir souvent au palais, à s'asseoir à sa table, il était son ministre, il lui frappait familièrement sur l'épaule, il lui disait « mio caro Poerio », puis après le 15 mai il l'envoya au bagne.

Ferdinand II mourut brusquement le 22 mai 1859, la nouvelle se répandit immédiatement dans la ville et dans tout le royaume. On lut dans les casernes une sorte d'ordre du jour, véritable farce de circonstance, dans lequel il était dit qu'en mourant le roi n'avait cessé de prier Dieu pour sa vaillante armée de terre et de mer. Les troupes furent appelées à prêter serment au nouveau roi François II, qui venait d'épouser une princesse bavaroise, Sophie-Amélie, sœur de l'impératrice d'Autriche. Tout semblait faire croire que le nouveau roi continuerait à régner comme son père, en poursuivant une même politique de terrorisme à l'égard de tout ce qui était national; le peuple n'avait pas à s'occuper de politique, les libertés qu'on pourrait appeler sociales devaient lui suffire, il pouvait se réunir à la rue, jouer, tirer pétards et feux d'artifice, dormir en plein air, se promener à moitié nu dans les rues populeuses, chanter du crépuscule jusqu'à l'aube en plein air, — en un mot il n'y avait point de police pour restreindre ce genre de libertés. Mais c'était tout; il ne devait ni discuter, ni blâmer, ni apprécier les choses et affaires de l'État. On savait ce qu'il en coûtait d'enfreindre ces prescriptions.

La guerre d'Italie avait cependant fait quelque bruit dans le royaume, car elle avait été précédée de quelques coups de main tentés du Piémont. Il y avait eu un vapeur mystérieux parti de Gênes ayant à bord une poignée d'hommes résolus commandés par le colonel Pisacane. Ce vapeur, le *Cagliari,* vint brusquement jeter l'ancre devant les îles de Ponce, à 56 kilomètres de Naples. Dans la plus grande des six îles se trouvait un bagne. Pisacane et ses compagnons délivrèrent 300 détenus politiques. Libérés et libérateurs débarquèrent à Capri, où ils furent en partie massacrés, ceux qui survécurent furent amenés de nuit au Château Neuf, d'où ils disparurent. Quant au vapeur le *Cagliari* il fut remorqué à la Darsène, il était peint en noir, c'était un vrai navire fantôme. Pendant longtemps les troupes de garde à la Darse venaient examiner ce mystérieux bâtiment, au sujet duquel on racontait des histoires incroyables, mais parmi les troupes personne ne savait au juste ce qui s'était passé.

Pendant la guerre d'Italie, un libraire étranger exposait dans la rue de Tolède des lithographies de batailles, coloriées, pleines d'art et d'effet. On voyait bersagliers piémontais et troupiers français aux prises avec les vestes blanches autrichiennes. Ces vestes blanches rappelaient celles des Suisses, et dans la pensée du peuple c'était dans ces batailles de Magenta, Solferino et autres la lutte de la nation contre la domination étrangère, contre la soldatesque mercenaire qui opprimait le peuple. L'idée de l'unité italienne commençait à contaminer l'Italie tout entière, des rives du Tessin à celles du Volturne et du Busento. La cause des Bourbons était déjà bien compromise, lorsqu'un événement aussi extraordinaire qu'inattendu vint brusquement donner une impulsion puissante au sentiment national.

Les capitulations conclues entre la Suisse et le roi des Deux-Siciles, François I, l'avaient été pour trente ans. En 1847 une guerre civile avait éclaté en Suisse; elle avait été suivie d'un grand mouvement de centralisation. La fédération des Etats suisses avait fait place à la confédération suisse. Une constitution avait été élaborée; elle contenait des principes nouveaux, libéraux, le service étranger était condamné, les capitulations conclues avec les cantons pour le recrutement de volontaires n'étaient plus reconnues et le recrutement ne pouvait plus se faire que clandestinement. Les drapeaux des régiments suisses n'étant plus reconnus comme tels, et les capitulations arrivant à échéance, les soldats engagés commençaient à parler de leur situation et la question des drapeaux était mise en avant. On parlait de licenciement, de formation de nouveaux corps, de nouveaux drapeaux qui n'auraient plus les armes des cantons, bref, c'était une question capitale qui menaçait de prendre des proportions inattendues. Chaque régiment comptait du reste 50 % de mécontents, de soldats dégoûtés du service, d'hommes ayant la nostalgie, regrettant de s'être engagés et rêvant retour au pays. On en avait parlé dans les casernes et comme entre eux les Suisses jouissaient d'une liberté très étendue, on ne se gênait pas pour vouer le roi, le gouvernement et le royaume à l'exécration des républicains suisses. Il était arrivé depuis quelques années dans les corps des soldats qui avaient servi dans la légion étrangère en France, qui avaient fait la guerre de Crimée et qui importaient des idées nouvelles, idées de soldat, primitives, naïves, mais enfin qui n'en avaient que plus d'écho dans les casernes. La population du reste détestait les Suisses, et déjà en 1848, lorsque les chambres fédérales interdirent le service étranger, il n'était pas rare d'entendre chanter dans les rues certain solo du *Trovatore*, adapté à la situation : « Nei vostri monti ritornerete ! » et cela sur les pas des officiers et soldats.

Le 7 juillet 1859, à 5 heures du matin selon l'habitude, les fourragères ou équipages des régiments étaient partis des casernes des trois régiments suisses pour toucher à la manutention, qui se trouvait à Santa Lucia, le pain des corps pour deux jours. Les soldats des trois régiments s'étaient trouvés en rapport et ceux du 4ᵉ avaient annoncé qu'on devait changer leur drapeau, on racontait même que le tailleur du régiment avait été chargé de couper ce qui restait d'étoffe à la hampe pour faire place à un nouvel emblème. Les soldats étaient rentrés excités, ils avaient raconté ce qu'ils avaient entendu, et de tous les côtés on entendait dire que les choses ne pouvaient se passer ainsi, que les troupes devaient être licenciées ou consultées sur la question de savoir si elles serviraient sous la nouvelle devise. Les officiers seuls n'entendaient rien, ne voyaient rien. Habitués à vivre dans leur logement de la ville, ne se tenant en caserne que pour le service, ne se commettant pas avec la troupe, il n'avaient guère occasion de savoir ce qu'elle pensait.

Le soir de cette même journée, vers 8 heures, l'appel venait d'avoir lieu, suivi de la prière habituelle, sous forme de roulements de tambour, les soldats étaient remontés dans les chambrées du grand couvent de S. S. Apostoli, qui servait de caserne au 2ᵉ régiment, lorsque tout à coup on entendit au dehors le roulement du tambour, en même temps les cris de la foule, le bruit général de magasins et de boutiques qui se ferment. Un grand mouvement se produisit dans la caserne, le tambour de garde battit l'appel au piquet, suivi du signal d'urgence, au pas accéléré. En même temps les grandes portes ferrées de la caserne se fermaient. Le temps par extraordinaire était sombre, la nuit descendait rapidement; dans la demi-obscurité, on put voir la garde de police refoulée, l'éclair de coups de fusil brillait suivi de détonations répétées, les faisceaux des hommes de piquet étaient renversés, pendant qu'une masse de soldats en armes descendaient dans la vaste cour, agités, à moitié révoltés. Que se passait-il? Au dehors on criait : « Les Suisses se mutinent! » au dedans on criait : « Les paysans (civils) se révoltent! » C'étaient les compagnies d'élite du 2ᵉ régiment, soit deux compagnies de grenadiers et deux compagnies d'élite, qui avaient quitté le fort de Carmine où elles étaient détachées et venaient enlever les drapeaux du régiment afin de les préserver de la mutilation qui les menaçait. En effet ces quatre compagnies, après avoir culbuté la garde de police, tué le sergent, dispersé les hommes de garde, faisaient irruption dans la chambre de piquet où étaient conservés les drapeaux et s'en emparaient. Quelques caporaux seuls étaient mêlés aux révoltés, les sergents et autres sous-officiers s'étaient prudemment éclipsés. Un roulement retentit et les compagnies soulevées, suivies d'épaisses masses de soldats, quittèrent le quartier, se rendant aux casernes des autres régiments. Ce qui se passa dans cette nuit du 7 au 8 juillet est resté inconnu, ignoré de l'histoire, l'événement était si imprévu que chacun perdit la tête. Les soldats soulevés pénétrèrent dans la caserne du

3ᵉ régiment suisse, située sur la grande rue Foria à San Giovanni di Carbonara, et là ils enlevèrent les deux drapeaux ; la colonne encore renforcée monta jusqu'au musée Bourbon et prit littéralement d'assaut le quartier de San Potito, où se trouvait le 4ᵉ régiment. L'officier de garde fut cloué contre la muraille à coups de baïonnette ; c'était un jeune Valaisan nommé de Roverea. Mais là, on avait eu le temps de prendre quelques dispositions, une vive fusillade partit des cours et fenêtres quand avec six drapeaux les mutinés quittèrent la caserne. Le 1ᵉʳ régiment tenait alors garnison à Palerme et le 13ᵉ chasseurs était à Maddaloni.

Les insurgés se dirigèrent sur Capo di monte où se trouvait le palais d'été du roi, ils réclamaient justice, tumultueusement comme une armée en pleine effervescence. N'obtenant rien, les mutinés se dirigèrent vers le Champ de Mars, la cantine du Polichinelle fut envahie, le cantinier fit quelque résistance et fut tué. La petite armée commit l'imprudence de camper sur le Champ-de-Mars en attendant le jour. Le jour vint en effet, mais des troupes aussi et quand l'aube éclaira la plaine, les rebelles purent voir l'artillerie, les hussards, les chasseurs, l'infanterie de ligne et une partie du 4ᵉ régiment formant un vaste cercle autour du Champ-de-Mars. Trois sommations furent faites, puis la canonnade commença. Les révoltés, formés en colonnes d'assaut, se lançaient en désespérés pour faire une trouée dans les masses qui les cernaient, mais la mitraille renversait les colonnes, la fusillade pétillait de tous les côtés. 3 à 400 hommes réussirent à se frayer un passage, le reste était étendu blessé, mourant ou débandé.

Ce fut dans la ville une immense émotion quand on apprit ce qui s'était passé; beaucoup de quartiers, ceux de Chiaia, n'avaient rien su. Des chariots du train ramassèrent les morts et blessés, les drapeaux brisés furent rapportés dans les casernes, les gardes furent relevées par les troupes napolitaines venues des provinces. Le roi et le gouvernement eurent si peur que pendant quatre jours tous les steamers, tous les trains débarquaient des troupes venant de Gaëte, Capoue, Caserte, Nola, Salerne, Palerme, Messine et autres villes.

Dans les casernes suisses l'émeute continuait, les quelques centaines de soldats restés dans les quartiers et les gardes descendantes insultaient des fenêtres les officiers qui s'aventuraient dans les cours. L'émeute menaçait de recommencer; c'est alors que le roi se décida à licencier tous ceux qui désiraient quitter le service. Trois jours après le *Stromboli*, le *Vesuvio*, le *Mongibello* et autres vapeurs embarquaient les débris des régiments de Naples. Les soldats étaient entassés sur les ponts des vapeurs et des navires à voile remorqués par des steamers. Le 10 juillet cette escadre partait pour Gaëte, où pendant trois jours les mutinés rapatriés furent tenus sous les canons des forts. Il fallait faire des démarches pour obtenir du gouvernement français l'autorisation de débarquer ce monde à Marseille. Ce fut accordé.

François II était privé d'un concours puissant, il comprit l'importance de la perte ; il essaya de reconstituer ses corps et de former de nouveaux bataillons avec des recrues de Bavière, mais le coup était porté et quand quelques mois plus tard Garibaldi et ses Mille débarquaient à Marsala, ils n'avaient plus à craindre les quatre régiments suisses.

XVIII

LA SICILE. — PALERME ET LES PALERMITAINS

Naples a disparu au loin dans le bleu de l'horizon, le panorama se détache encore en rose, les derniers rayons du soleil couchant caressent ce grand décor, un des plus beaux du monde, des îles bleues bordées d'une dentelle de rochers contre lesquels battent les vagues vont cacher aux yeux ce tableau merveilleux, puis c'est l'infini de la mer, les vagues succédant aux vagues, le bouillonnement et la complainte de ces couches marines que la proue du navire entaille au passage. La nuit est descendue, une nuit étoilée, le Vésuve au loin perdu à l'horizon lance de temps à autre une fusée lumineuse dans le ciel, puis plus rien que l'immensité. Un effluve chaud, vent d'Afrique, fait craquer les mâts et mugit dans les cordages, mais les puissants poumons de fer et d'acier de la machine battent en cadence, conscients de leur force. Au matin on voit vers l'est les Iles Eoliennes, le Stromboli, sorte de mont qui sort des eaux, pareil à un pic gigantesque au cône duquel est attaché un panache de fumée. Le soleil se lève derrière un ruban imperceptible qui grandit, ce sont les montagnes de la vieille Sicile, de la Trinacria (aux trois caps) avec son classique *siculum fretum* des anciens, sa légende des écueils de Charybde et Scylla. Tout s'effondre, histoire et légende, devant l'audace des humains. Un jour viendra où sous cette mer jalouse un tunnel sous-marin reliera la Sicile au continent italien. Voici donc cette île célèbre dans laquelle les anciens plaçaient les Cyclopes et les Lestrigons qui, suivant l'Odyssée, auraient dévoré les compagnons d'Ulysse. Grecs, Carthaginois, Romains, Aglabites, Maures, Normands, Angevins, Provençaux, Aragonais, Guelfes,

Espagnols se sont tour à tour disputé la possession de la Sicile. Aujourd'hui elle est revenue à ses destinées naturelles. Le Sicilien est d'une race très mélangée, cela se conçoit; il diffère essentiellement sous beaucoup de rapports de l'Italien en général, il a du sang arabe dans les veines, il est irascible, vindicatif, inconstant, et cependant beaucoup plus sérieux en apparence que le Napolitain. C'est le pays des nobles familles, on en comptait près de 3000 entre ducs, princes, marquis, barons, etc. Sous les Bourbons on ne comptait pas moins de 20,000 moines et 15,000 religieuses. Aujourd'hui la Sicile s'émancipe lentement; elle a payé son émancipation assez cher et son histoire récente est toute de révolutions, de convulsions et de sang versé; de nombreux monuments attestent par leur froide épitaphe de la triste réalité des faits de l'histoire. Voici au loin, les côtes se dessinent, c'est Palerme étendue comme une belle, les pieds vers la mer, la tête appuyée contre les montagnes. A droite c'est le mont Pellegrino, rouge, aride, sauvage, qu'on croirait taillé à coups de pique. Le vapeur glisse sur les flots et vient jeter son ancre dans le vaste port de la capitale de la Sicile. Ce n'est pas grandiose, les édifices qui forment un vaste demi-cercle autour du port sont vieux et de modeste apparence ; la ville animée, active, celle aux larges rues, aux édifices superbes, est plus haut vers la droite. La capitale de la Sicile n'a ni l'ampleur, ni la majesté de Naples, ni son admirable situation, ni l'incomparable éclat de ses couleurs, ni son Vésuve, ni sa population turbulente, c'est une cité sérieuse, qui a son caractère particulier, ses belles rues propres, ses maisons moins hautes, aux balcons avec fers ouvragés, sa population est plus grave. Si le Napolitain est essentiellement comédien et musicien, en revanche le Sicilien donne dans la tragédie. J'ai assisté à des scènes curieuses, j'ai vu par exemple une querelle de rue, entre une femme et un savetier. Celle-ci tenait en main une bottine déchirée, elle avait un seul pied chaussé, et elle adressait à l'artiste cordonnier, dont l'échoppe était en plein vent, une avalanche de mots sonores et avec des gestes dramatiques remarquables d'art et de majesté, que la Ristori eût enviés. J'ai vu près du port une centaine d'individus, marins, ouvriers, femmes, vieillards, suivre pendant des heures le débit d'un déclamateur, qui, un sabre de bois à la main, avec des gestes énergiques, mais gracieux, racontait je ne sais quelle odyssée épique du plus haut dramatique, à en juger par l'intérêt soutenu que prenait l'assistance à cette représentation en plein vent. Point ou peu de bruit dans les rues, rien du tapage effrayant de Naples, point de chants, d'imprécations comme là-bas au pied du Vésuve. Ce n'est pas à dire qu'à Palerme on soit beaucoup plus vertueux. On y triche et vole comme ailleurs le bienheureux « forestiere » qui est la caille du désert. En arrivant dans la capitale de la Sicile, je m'empressai de faire toilette en son honneur et j'entrai chez un figaro dont le nom mérite de passer à la postérité. Il s'appelle Sanacore, son salon est situé sur le cours Victor-Emmanuel, à peu de distance de l'hôtel de France. M. Sanacore, dont le nom est bien poétique pour un barbier, borna son service à un simple coup de rasoir, et quand je lui demandai le prix, il me dit avec son plus gracieux sourire : « una lira »! Je lui remis un franc et je sortis, mais au bout d'un instant j'entendis distinctement quelqu'un courir derrière moi, et me retournant, je vis l'aide de la boutique qui, tout essoufflé, tenait la pièce d'argent à la main. Il y a eu méprise, pensais-je. En effet l'autre me rapportait ma pièce de vingt sous. « Non vale », me disait le gaillard, ce qui veut dire, elle n'a pas cours. Donnez-m'en une autre ! Le voleur craignait d'être volé ; je lui avais remis une pièce suisse, mais n'en ayant pas vu fréquemment, paraît-il, il s'imaginait qu'elle n'avait pas cours. A ce propos, un consul me fit cette malicieuse observation : Ne vous y fiez pas ! ces gens, pour être plus sérieux, moins remuants et turbulents que ceux de Naples, ne sont pas moins..... intéressés.

Au fond la ville de Palerme, à part la chronique obligée des coups de couteau, chronique que toute ville italienne enrichit avec un soin jaloux, Palerme, dis-je, est une ville tranquille, jalouse de son bon renom et glorieuse de son passé. Après avoir fait ou préparé beaucoup de révolutions, les Palermitains se sont rangés, ils se tiennent tranquilles et n'entendent pas échanger cette paix bien gagnée contre les agitations politiques, sociales et autres dont beaucoup d'autres villes d'Italie sont le théâtre. La cité est animée, mais l'animation est correcte, point de cris, de tapage, de bagarres, point de viragos dans les rues en quête d'aventures ; les dames ne se promènent qu'accompagnées, elles n'entrent pas dans les cafés et restaurants, elles restent au logis, et quand elles font leur promenade, c'est sous la protection de leur mère ou belle-mère. C'est probablement pour cette raison que lors de son voyage en Sicile, M. Crispi, accompagné par sa femme et sa fille, voulut avoir dans sa suite Mme Barbagallo, une de ses trois belles-mères.

L'édilité de Palerme, qui a pour devise l'aigle et le S. PQ. P. (Senatus Populusque Panormitanus), remplit son devoir consciencieusement, elle n'extorque pas, comme les autorités communales des autres villes du royaume, des taxes exagérées, elle prend « Si Peu Que Possible » — pour se conformer à sa devise, et cependant l'entretien des rues est convenable, abstraction faite des quartiers du port et faubourgs populaires, où règne aussi le « tout à la rue » comme dans le reste de la Péninsule. Le paysage qui se déroule autour de la capitale de la Sicile est du reste sévère et imposant. Le mont Pellegrino au Nord avec son grand profil rouge, déchiré, la mer déferle contre les écueils, derrière la cité les gorges de Sainte-Rosalie, à l'est vers Baghiera, les montagnes échancrées de la côte. C'est là-bas qu'on voit à l'œil nu un point blanc; c'est le monument élevé sur la montagne pour rappeler l'arrivée libératrice de Garibaldi en mai 1860. Sur le Gibil Rosso est dressé un obélisque de marbre,

on lit la phrase historique. Montrant Palerme de
la main, Garibaldi se tournant vers Nino Bixio
lui dit : « Nino domani a Palermo ! »

Mais restons encore un peu au pittoresque. La
ville de Palerme forme un carré légèrement
allongé dont un des petits côtés suit la rive de la
mer; elle renferme quatre quartiers séparés par
deux voies larges et régulières qui se coupent à
angle droit au centre de la ville, à la place Vigliena
ou des Quatre-Cantons. Les rues ont changé de
nom : le Cassaro (Al-Kassar) ou rue de Tolède
est devenu le Corso de Victor-Emmanuel et la
rue Macqueda est aujourd'hui le Corso de Garibaldi. Ces deux principales artères n'ont pas la
vie exubérante des rues de Naples ; à première
vue, on constate que la population n'a pas le
même tempérament, elle a une attitude plus
correcte et des mœurs plus réservées. Avec
ses stores baissés, ses balcons, sa tranquillité
de la rue, Palerme ressemble aux villes espagnoles de la côte méditerranéenne. Le long de
la mer, près du port, dans les quartiers pauvres,
règne un calme et un silence qui forment un
contraste frappant avec le tapage des quartiers du port de Naples. C'est dans cette partie
de la ville que sont quelques grands hôtels: la
Trinacria, l'hôtel de France, puis, vers la droite,

le célèbre hôtel des Palmes, avec ses serres splendides, son euphorbe gigantesque aussi majestueux que ceux de l'Abyssinie. C'est dans cet hôtel que Wagner a composé son *Parsifal*, il y est resté six mois, les chambres qu'il a occupées sont montrées au voyageur. Le long du port quelques rues malpropres, ici un obélisque chargé de couronnes fraîches ou desséchées, il est entouré d'une grille préservant quatorze tombes. C'est là que, le 13 avril 1860, ont été fusillés quatorze patriotes qui, pris les armes à la main, ont été passés par les armes. Garibaldi avait dit aux Siciliens : soulevez-vous, je vais débarquer en Sicile!! et les Siciliens s'étaient soulevés. Un peu partout du reste on peut voir des monuments, des statues de marbre et de bronze élevés à la mémoire des grands hommes et des patriotes siciliens. La génération actuelle a voulu regagner le temps perdu et retremper son patriotisme dans le culte du souvenir, dans l'hommage aux grands hommes qui ont souffert et lutté pour elle. Les Siciliens ont du reste une histoire très riche, ils ont eu des patriotes, des militaires, des artistes, des savants, ils ont eu même un astronome, l'abbé Piazzi, qui de l'observatoire du palais royal de Palerme découvrit la planète Cérès.

Aujourd'hui, la ville s'embellit, de grands squares sains, aérés, avec des promenades bordées d'arbres, ont remplacé les quartiers d'autrefois, notamment ceux du port. Les Palermitains se sont mis à la hauteur des temps modernes, ils ont même voulu avoir leurs grandes halles ou marché couvert, gigantesque construction de fer. Hélas!! l'innovation ne répondait ni aux besoins, ni aux habitudes, ce fut un fiasco complet, les marchands qui s'installèrent dans le gigantesque édifice y attendaient en vain les clients. Un beau jour, on ne sait trop comment, le feu éclata dans ce bâtiment de fer, ce fut une délivrance, on se hâta si peu de l'éteindre que 24 heures après il n'en restait que des branches de fer tordues par le feu. L'immense carcasse de fer s'écroula dans le brasier et il ne reste des marchés couverts qu'un souvenir. Cet incendie produisit dans toute la Sicile, tout au moins dans un périmètre de 40 à 50 kilomètres à la ronde, une panique homérique. En effet près des Halles était installée une ménagerie dont la toile flamba, les bêtes féroces rugirent d'effroi, il fallut en toute hâte éloigner les cages, le bruit courut même que divers lions et tigres s'étaient échappés ; les magasins se fermèrent, la nouvelle gagna la montagne, puis la province, les champs furent abandonnés, les gens se barricadaient dans les villages. Au bout de huit jours, grâce aux journaux, on finit par se rassurer, mais la population de Palerme et des campagnes eut une belle peur; pendant ces huit jours les carabiniers royaux ont été bien tranquilles, les malandrins ne se montraient pas.

C'est à l'est de la ville, le long de la mer, que se trouve la belle promenade favorite des Palermitains; de magnifiques arbres espacés lui conservent avec la brise de mer une fraîcheur continue, les vagues viennent clapoter doucement contre les rocs qui protègent la muraille, et c'est lentement, gravement, que passent les familles, humant l'air du soir, après une chaude journée. Les Palermitains et Siciliens ont eu une histoire agitée, et cependant ils aiment la quiétude d'esprit, malgré la vivacité de leurs sentiments et de leurs passions. Ils paraissent graves, réfléchis et en certaines occasions ils redeviennent enfants.

La dévotion des Palermitains est ardente et fort peu éclairée; toute la journée on entend, comme sur le continent, les sonneries des cloches des églises et des couvents. Ils adorent surtout les saints et les saintes et leur culte est plein d'éclat, de pompe, de bruit et de couleur.

Sainte Rosalie a une fête comme aucune bienheureuse ne saurait se réjouir de pareille. Cela dure cinq jours, du 10 au 15 juillet ; ce sont des processions sans fin, des promenades de chars, de navires ajustés sur de grands équipages, de machines gigantesques, d'exhibitions bizarres ou fantastiques ; puis viennent les courses de chevaux, les illuminations, le tonnerre des canons, de milliers de mortiers, les feux d'artifice, les musiques, tout cela au milieu du tapage effrayant d'une foule en liesse, du clergé en fièvre, des autorités complices de cette immense démonstration à moitié païenne.

XIX

L'ÉPOPÉE GARIBALDIENNE EN SICILE. — LA PENTE-
CÔTE DE 1860 A PALERME. — SIÈGE DE CAPOUE
ET DE GAËTE. — LA FIN D'UN RÉGIME.

Il est impossible de descendre en Sicile, de s'occuper du pays et de ses habitants sans parler de l'épopée garibaldienne, cette audacieuse entreprise qui réussit par une suite de circonstances heureuses, alors qu'elle semblait condamnée. En effet l'insurrection du 1ᵉʳ avril 1860 avait échoué, les révolutionnaires battus à Palerme, à Milazzo et autres villes, s'étaient refugiés dans les montagnes. Garibaldi qui avait compté sur le mouvement populaire paraissait sinon découragé tout au moins hésitant. Trois hommes exercèrent sur ses décisions une influence considérable : Nino Bixio, Bertani et Crispi. Enfin l'expédition fut décidée ; le 4 mai dans la nuit, quelques Garibaldiens devaient s'emparer par un simulacre de violence du *Lombardo*

et du *Piemonte* ancrés en rade de Gênes.
A l'aube les deux vapeurs avaient disparu.
Nino Bixio et Castiglia commandaient les navires qui se dirigèrent sur Quarto où Garibaldi
en chemise rouge, Miceli, les trois Cairoli,
Carini et Crispi attendaient avec les Mille.
Les armes et munitions devaient être amenées
de Bogliasco par des barques. On attendit en
vain. Les barques ne parurent pas, et des
Mille, les carabiniers de Pavie et les chasseurs
de Gênes avaient seuls d'excellentes carabines
suisses, le reste n'était armé que de pistolets et
de sabres. Et on allait filer vers le sud, vers la
Sicile où près de 40,000 hommes de troupes
régulières faisaient bonne garde. Garibaldi,
l'homme aux résolutions hardies, ordonna le
départ, et en sa qualité d'ancien marin, il releva
le point et fit diriger les deux steamers droit sur
Talamonne petit port toscan près d'Orbetello
à la frontière des États Pontificaux. En vue du
port, Garibaldi endosse son brillant uniforme de
lieutenant général sarde et accompagné par le
général Turr il somme le commandant du fort
de lui livrer des armes et munitions. Heureusement il s'adressait à un bon patriote qui apaisa
sa conscience en disant : Je commets une faute,
mais je le fais pour la gloire du roi et la fortune

de l'Italie. Le commandant du fort remit même deux petits canons, qui tombèrent entre les mains des Napolitains à Marsala. Et les deux steamers reprirent leur route vers le sud. Chemin faisant on tint conseil, il s'agissait de savoir où on débarquerait, c'est-à-dire où on pourrait débarquer. Crispi opinait pour Trapani, Garibaldi se prononçait pour Marsala et son opinion prévalut, car on venait d'apercevoir quatre croiseurs napolitains à l'horizon, surveillant les côtes entre Marsala et Marzara. Avant que les Napolitains n'arrivassent à portée, un des steamers était dans le port et avait débarqué son chargement. Les croiseurs napolitains ouvrirent alors le feu, mais avec une telle lenteur, que lorsque les boulets touchèrent les steamers, les derniers débarqués disparurent dans les rues de Marsala. Les Napolitains approchèrent avec mille précautions, ils demandèrent même le concours du commandant d'un navire anglais (*Intrepid*), qui se trouvait justement devant Marsala, pour sommer de se rendre les équipages des deux steamers portant le pavillon sarde. Le commandant anglais refusa, et les marins napolitains se décidèrent à faire la besogne eux-mêmes : quand ils furent à bord des deux navires, ils étaient absolument déserts. Ce qui s'est passé depuis est suffisamment connu. Le débarquement des Mille à Marsala eut lieu le 11 mai à 2 heures de l'après-midi. Quinze jours après, la petite armée de Garibaldi grossie par les bandes reformées, arrivait la veille de Pentecôte devant Palerme. Du haut du mont Gibello, les volontaires pouvaient voir devant eux la Conca d'oro, avec la grande cité étendue paresseusement contre les montagnes. Les historiens qui se fieront aux ouvrages qui ont été publiés sur cette mémorable campagne, risqueront fort d'en imposer à la postérité. Je vais en donner plus loin la preuve.

Le gouvernement napolitain ne cessait d'envoyer des troupes en Sicile; de Naples, de Castellamare, de Salerne, des vapeurs partaient emportant toutes les troupes disponibles, les trois bataillons étrangers formés avec les débris des régiments suisses licenciés l'année précédente, et avec des recrues racolées en Bavière et en Autriche étaient dirigés en mai sur Palerme. Le 3ᵉ bataillon arrivait le 15 mai, il était immédiatement envoyé à l'intérieur sur Corléone où il guerroya pendant quelques jours, pour rentrer ensuite à Palerme, où il dut se frayer le passage à travers les barricades. En effet, Garibaldi avait fait savoir qu'il allait entrer à Palerme, malgré l'armée napolitaine de 8 à 10,000 hommes qui gardait la ville sous le commandement du général Lanza.

Le dimanche 27 mai 1860, le temps était radieux, les cloches des églises sonnaient à toute volée, la population attendait depuis quinze jours l'arrivée du libérateur, les patriotes s'agitaient, on en avait arrêté des masses, les prisons étaient pleines ; malgré cela le comité national se réunissait chaque jour et agissait, des proclamations avaient été affichées malgré les sbires. Le roi François II de son côté offrait aux Palermitains pardon et amnistie, il promettait des réformes, des privilèges. C'était trop tard. A tout instant des messagers portaient des renseignements à Garibaldi et l'entente était faite, c'est par le Papirito près de la Porte Carena que le général devait entrer. Six heures sonnaient à la cathédrale quand Garibaldi précédé par un des siens porteur du drapeau national entra à cheval à Palerme par le Papirito : il chassait devant lui tout un corps napolitain qui avait attaqué ses batteries de Bagheria. Toute la ville s'était levée et se battit contre les troupes royales qui se repliaient sur la forteresse dans les forts et sur les bâtiments de guerre. C'est alors que des batteries et des navires de guerre un feu terrible fut ouvert sur Palerme, occupée par l'armée garibaldienne. Le canon fit des monceaux de ruines, les incendies éclataient partout et pendant vingt heures ce fut un tir épouvantable...... La plupart des historiens racontent la chose ainsi. Il faut croire cependant que le drame a eu un caractère moins général, et que si les combats autour de Palerme ont été acharnés, la prise de la capitale de la Sicile, toute glorieuse qu'elle est, n'a pas été accompagnée des horreurs dont parle l'histoire. Un soldat du bataillon étranger n° 3 me raconte que son bataillon très éprouvé dans les combats des environs de Palerme dut se battre pendant toute la journée du dimanche 27 mai, emportant les barricades les unes après les autres sous un feu terrible, dans la fumée des maisons qui brûlaient et sous un soleil de feu : ce jour-là le thermomètre monta jusqu'à 38' R. Un officier du bataillon n° 1, débarqué le 25 mai à Palerme, me donne une version bien moins tragique. Son bataillon passa la journée du dimanche à la garde du palais royal ; dans la journée une immense barricade avait été élevée dans la Maqueda et comme quelques coups de fusil avaient été tirés de cette barricade, deux coups de canon, les seuls de la journée, furent tirés contre elle. Le reste du jour, il ne fut pas tiré un coup de feu. Quand au bombardement épouvantable, cet officier me dit: Dans la nuit du 27 au 28, une maison s'écroula, il est vrai; notre bataillon crut à une attaque et se mit en ligne. Ce fut la seule alerte.

Il est possible en effet, que l'acharnement de la lutte ait été porté sur d'autres points et qu'une partie seulement des corps y ait pris part. Au fond ces versions absolument différentes prouvent clairement que le détraquement était général, que l'intelligence ou l'énergie dans la défense manquaient en haut; dès lors la folle audace des garibaldiens ne connut plus de bornes et, dans la plupart des cas, c'est à celle-ci qu'ils durent la victoire et le succès. N'est-ce pas une véritable légende que ce débarquement en Sicile? Tout semblait conspirer contre le régime et hâter sa chute, tandis que Garibaldi réussissait partout. Le général Lanza accepta une capitulation d'après laquelle environ 15 000 napolitains s'embarqueraient pour le continent, Garibaldi était maître de la Sicile moins Messine. Francesco Crispi était nommé par lui secrétaire d'État et lui-même se proclamait dictateur. Il faut admirer la prodigieuse activité de cet homme fanatique d'une cause, ses talents d'organisateur, la tournure poétique de ses proclamations, l'originalité séduisante et chaleureuse de ses appels et la vigueur extraordinaire de ses décrets. On devinait en lui «un homme», un héros ne doutant de rien, capable de tout, sauf de désespérer de sa cause. Quel retour de la fortune!! Douze ans auparavant il fuyait dans les campagnes d'Émilie, tout avait sombré, tout était anéanti, la patrie italienne rendue à ses maîtres retombait dans les fers — et voici, il n'avait pas désespéré, il était maître de la Sicile et il allait passer sur le Continent. Il disposait de quatre divisions d'infanterie, d'une brigade d'artillerie et d'une brigade de cavalerie, il n'avait plus qu'à enlever Messine, ce qui réussit également. Le général Clary qui défendait cette place ne paraît pas avoir déployé une énergie héroïque. Plus tard, réfugié à Rome, ce même général fut placé à la tête de l'organisation d'un corps de volontaires les «zouaves du roi» qui devait passer la frontière et attaquer les troupes piémontaises qui assiégeaient Gaëte. On n'arriva jamais à un effectif dépassant 300 hommes, les zouaves du roi se promenaient dans la ville éternelle, en petit veston gris soutaché de rouge — mais ce fut tout — le général Clary comme à Messine fut hésitant.

Vers la fin de juillet les généraux garibaldiens Fabrici et Medici entraient à Messine qui capitulait : 10,000 soldats napolitains s'embarquaient et la citadelle restait seule, aux termes de la capitulation, au pouvoir des troupes royales. Garibaldi avait compris, ces combinaisons lui assuraient l'avenir : si 10,000 hommes n'avaient pu défendre une place, que feraient 2000 soldats dans un fort ? Pendant que ces événements se passaient, la panique était à la cour et dans les conseils de François II. On prenait des mesures énergiques et on faisait en même temps des concessions radicales ; les ordres et contre-ordres se suivaient précipitant le désarroi — on sollicitait l'intervention des puissances — au lendemain des défaites des Autrichiens en Lombardie. On implorait l'aide de Napoléon III, au moment où Victor-Emmanuel lui avait cédé Nice et la Savoie. La population de Naples était en pleine effervescence, la police désavouée était débordée, « le comité unitaire national » préparait la population à l'arrivée de Garibaldi ; tous les journaux de la capitale du royaume des Deux Siciles publiaient les « Mémoires de Garibaldi », d'après Alexandre Dumas. Le gouvernement royal déportait les policiers, le bourreau en tête et ses aides. Le roi François II de son côté exilait son oncle le comte de Syracuse, probablement parce qu'il ne lui avait donné que de bons conseils, et dans toutes les provinces on criait : Vive Victor-Emmanuel ! Vive Garibaldi ! ! Le temps s'écoulait, les Garibaldiens marchaient toujours en avant, le 5 septembre ils entraient à Salerne, le 6, François II quittait Naples pour toujours. Le roi et la reine étaient presque abandonnés, les laquais et domestiques s'étaient éclipsés, le couple royal descendit par un escalier secret à la Darsène, il traversa le parc d'artillerie encombré de pyramides de boulets, de canons et d'obusiers avec lesquels ses soldats eussent pu anéantir dix armées, il s'embarqua à bord d'un navire espagnol, laissant derrière lui une proclamation au peuple et une protestation contre les attaques du *condottiere* des révolutionnaires de l'Europe. François II se rendait à Gaëte par mer, pendant que ses troupes se concentraient sur Caserte et Capoue. Le lendemain Garibaldi débarquait à la gare de Naples, accompagné de dix personnes. La plupart des postes étaient encore occupés par les troupes royales. Deux voitures attendaient le libérateur de l'Italie, une foule énorme encombrait les rues, ce fut une entrée triomphale. Le soir la ville s'illumina, ce fut une joie délirante, la grande rue de Tolède disparaissait dans une mer de feu. Citons encore un témoin oculaire. Quelques jours après, sur la place de St Ferdinand, devenue place du Municipe, devant le Palais royal, on vit, spectacle étrange, un homme en chemise rouge, feutre sur le chef, pantalon de gros drap gris bleu, assis sur une chaise devant une table sur laquelle se trouvaient deux boîtes. Un officier appelait les noms et on voyait avancer des Garibaldiens en uniforme. Alors le distributeur remettait à celui qui se présentait une médaille, celle de Marsala, et il lui adressait quelques paroles. C'était Garibaldi qui décorait les valeureux. Et quand la distribution fut achevée, il se leva et vint s'asseoir près d'une table au grand café de l'Europe au bas de la rue de Tolède. Avisant alors un jeune homme qui se trouvait à une table voisine, il lui dit en italien : Lei non e Napoletano ? — No Signore, répondit l'interpellé, sono Svizzero et son stato ufficiale dell quarto reggimento ! ! — Et Garibaldi sans attacher plus d'importance à cette réponse dit au jeune officier : « Eh bien ! si les bataillons suisses et étrangers avaient été bien commandés à Palerme, nous ne serions pas encore ici ». Et le général reprit avec quelques officiers sa conversation interrompue.

La campagne des Deux Siciles commencée en mai était bien avancée, l'armée napolitaine démoralisée par tant de revers et de défections, ne comptant plus sur la victoire, allait être aux prises avec l'armée piémontaise. On se battait à Ponte della Valle, sur le Volturne, aux environs de Capoue, mais la situation avait changé, le tir des Garibaldiens devenait précis, leurs manœuvres s'exécutaient avec une rapidité et une aisance qui n'étonnaient plus. On avait vu des corps entiers dont le tiers seulement portait la chemise rouge, les autres se bornaient à déplier leur cravate rouge qui, passée autour de la poitrine, servait à tromper les royaux. C'était l'armée italienne qui approchait et dont les premiers coureurs prenaient part aux combats sous la devise garibaldienne. Et du reste la cause était perdue, les maladresses de Ferdinand II, ses rigueurs inexorables, ses violences, avaient tourné contre lui l'Europe entière, les sympathies universelles étaient pour la cause de la libération. On vit même, spectacle étrange, des marins de la frégate anglaise, *Renown*, venus en congé, par chemin de fer, dans les lignes de bataille « s'amuser » à pointer une pièce sur les royaux, comme s'il se fût agi d'une partie du plus inoffensif des jeux. — Un moment la roue de la fortune parut tourner : à Cajazzo une mêlée terrible s'était engagée, les Garibaldiens s'étaient heurtés contre les bataillons suisses, bavarois et autrichiens et ceux-ci n'avaient pas bronché, les paysans de la contrée, réactionnaires pour la plupart, commençaient à prendre part à la lutte contre les Garibaldiens. Ce ne fut qu'une interruption momentanée ; la gettatura qui poursuivait la cause royale reprit de plus belle. Capoue fut évacué, l'armée napolitaine coupée, se réfugia en partie à Gaëte, le reste dut se rendre et fut interné à Terracine et dans les localités voisines des Marais Pontins. Plus tard quand ces corps, sous la conduite des troupes françaises arrivèrent à Rome d'où on rapatria les hommes, elles offraient un aspect effrayant. Les subsistances avaient manqué, les uniformes étaient en lambeaux; pâles, barbes incultes, couverts de vermine, ces malheureux faisaient peur à voir. Il y en avait qui étaient affublés de restes de vêtements civils, même de jupons de femme. Le comité royal de Rome, présidé par le général Clary, envoyait des convois entiers de subsistances, mais c'était insuffisant et la démoralisation des corps était complète.

Les officiers et la troupe touchaient très régulièrement leur solde, les uns et les autres avaient leurs poches pleines d'argent dont ils ne savaient que faire. Les plus heureux furent quelques officiers internés dans le magnifique monastère des Bénédictins de Cassino. D'immenses territoires l'entourent, les moines élevaient de magnifiques chevaux, ils ne se faisaient pas faute de les monter, ils allaient à la chasse, ils étaient les vrais seigneurs de la contrée. Le couvent a été sécularisé. — La capitulation de Gaëte a été le dernier acte du drame, la conquête de l'ancien royaume des Deux Siciles était faite. Trente années se sont écoulées, les quelques rares espérances de restauration se sont évanouies et, les populations, sans avoir obtenu ce qu'elles comptaient, prospérité et bien-être, ont néanmoins complètement oublié le bon vieux temps.

XX

LES ABRUZZES. — VIEUX PAYS NEUF. — ASCENSION AU PAYS DES MODÈLES. — UN NID D'AIGLE. — CERCUEILS AU FOND D'UN PUITS.

Les Abruzzes!! Ce nom seul évoque dans la pensée tout un cortège de choses désagréables : gendarmes, brigands, escopette, embuscade. Il est certain que le voyageur qui s'aventurait autrefois en ces contrées perdues devait trembler le jour pendant ses pérégrinations, et durant la nuit son imagination devait être à tel point hantée par la mauvaise réputation du pays, que les cauchemars les plus affreux devaient troubler ses rêves. C'est l'opéra-comique qui nous vaut cela, pour avoir vu jouer une fois Fra Diavolo,

Sarracinesco.

l'imagination reste hantée par le souvenir de ce fameux brigand, la plume rouge et le velours du manteau y sont pour quelque chose. On fera bien de se convaincre que Fra Diavolo a été fusillé en son temps par les Français et que depuis lors il n'a pas été remplacé. Le brigand a disparu avec les chemins de fer, les Abruzzes, sans être sillonnées par les lignes ferrées, sont actuellement à courte distance de trois lignes : celle de l'Adriatique, celle de Terni à Aquila, enfin celle de Rome par Tivoli à Solmona. Les brigands ont quitté le pays avec les diligences, avec les Bourbons et le temporel. — Les mœurs se sont adoucies, on est bien partout encore un peu comme dans toute l'Italie, enclin à la convoitise, mais on n'assassine plus son prochain ou le noble étranger pour le voler, le couteau comme partout joue encore son rôle sanglant, mais c'est plutôt dans les rixes, dans les affaires d'amour, à propos de vendetta, de jalousie, de haine, d'intérêts.

Les Abruzzes étaient autrefois la partie la plus septentrionale du royaume des deux Siciles, bornée au nord par les États de l'Église et au sud par la Pouille et la terre de Labour. La chaîne des Apennins traverse le pays, son élévation excessive rend les communications intérieures fort difficiles. D'un côté les fleuves coulent vers l'Adriatique, de l'autre vers les affluents du Tibre. Des torrents descendent des montagnes, et celles-ci étant pour la plupart nues et dépourvues de forêts, les eaux grossissent rapidement et causent des dommages sans nombre, enlevant les ponts, les routes et souvent aussi les maisons. Le climat est rude, la neige couvre les cimes des montagnes pendant six mois. On comprend que ce pays accidenté ait eu à jouer un gros rôle pendant les invasions et les guerres dont l'Italie a été le théâtre, mais aussi l'absence de bonnes routes, les rigueurs du climat, la pauvreté du pays sont autant de difficultés avec lesquelles il fallut toujours compter. Il n'y a que deux routes dites carrossables, celle de Rieti par Civita Ducale à Aquila et celle de Sulmone ou Solmona. Les Abruzzes n'ont jamais été d'une bien grande utilité militaire, une seule fois en 1798, les Abruzzains prirent les armes avec courage excités par leurs prêtres contre les Français; ils tuèrent le général Point et capturèrent Rusca, ce qui n'empêcha nullement le corps d'armée de faire sa jonction avec le corps principal du général Championnet, qui entra à Naples pour y proclamer la République parthénopéenne.

A mesure qu'on pénètre dans les gorges et vallées des Abruzzes, on voit disparaître la vie italienne proprement dite: l'agitation, le mouvement, l'activité, les voitures et chariots, l'animation des campagnes. Les villes et bourgades construites sur les hauteurs comme l'aire des oiseaux de proie, semblent désertes, quelques mules, quelques ânes gravissent péniblement ces pentes escarpées et là haut, dans ces villes et villages pauvres, dépourvus de tout sauf d'églises, on ne rencontre que des gens qui n'ont jamais quitté leur montagne, ne savent rien du monde, ignorent tout ce qui se passe au-delà de dix kilomètres. C'est à peine si dans une de ces bourgades on trouvera une sordide *osteria*, où on ne pourra vous offrir qu'un vin rosé aigre-doux, des œufs, du pain brun de croûte et glutineux de mie, du fromage de brebis, des noix et des pommes. L'hygiène, la fameuse hygiène, qui, s'il faut en croire les gouvernants italiens, a fait de si grands progrès en Italie, n'a pas encore pénétré en ces parages. J'ai vu cependant dans la salle à boire d'un de ces taudis qu'on nomme *osteria*, appliquée au mur, une sorte de lithographie représentant MM. de Bismarck et Crispi se serrant la main à Friederichsruhe. Et en dessous on lisait: «Les deux grands hommes de l'Europe, affermissant la paix de l'Europe — dix centimes. Les gens du lieu qui de temps à autre viennent boire un verre de vin à l'*osteria* finissent par se convaincre que la paix de l'Europe est entre les mains de MM. de Bismarck et Crispi — en un mot « que c'est arrivé ».

Et justement je me trouvais un soir dans un coin perdu, sorte de petite ville avec deux églises, dotée de rues pavées tant bien que mal, de maisons aux murs non crépis, de baraques vieilles comme la montagne, dans lesquelles vivent des familles entières pêle-mêle; hommes, femmes, enfants, poules et autres animaux domestiques dans la seule et unique chambre. L'hôtesse, une bonne femme très empressée, était toute fière d'avoir par hasard un voyageur étranger à loger. Elle n'avait malheureusement rien de comestible ni d'appétissant. La volaille courait à la rue, la cité n'a pas de boucher, un épicier avait des maccaronis et on m'en prépara un plat énorme. J'eus la prudence de ne pas regarder dans la cuisine où tout était sale et noir à faire peur. L'hôtesse m'annonça que le secrétaire de la commune avait du vin qui coûtait un franc le litre. Elle courut en chercher une bouteille. Trois œufs à la coque, de belles noix grosses comme les œufs, une pomme, c'était là un souper délicieux. Malheureusement le maccaroni était au fromage de brebis, il me fut impossible d'en avaler beaucoup; le reste était bon. Après le repas, l'hôtesse s'en alla «au café» c'est-à-dire dans une boutique où on vient boire un petit verre d'anisette ou d'*amare*, et elle en rapporta une tasse de café noir tout sucré et coûtant dix centimes. J'ajoute à propos de sucre qu'on en est partout très avare en Italie, car il coûte bien 36 sous le kilogramme. Je fumai un cigare napolitain, les plus forts du monde, en écoutant l'Ave Maria qui sonnait à toute volée; les gens faisaient le signe de la croix, le travail avait cessé, les femmes, belles créatures en leur costume national de *sciociarre*, assises devant les portes bavardaient entre elles, de petits porcs couraient ici et là grognant, dévorant au passage les détritus de fruits et de légumes. La nuit descendit tout à fait, tout était noir et mystérieux, point de chants, point de guitare, point d'éclairage, point de musique, point d'animation, la montagne semblait attristée, mélancolique. A 8 heures un calme solennel régnait dans la bourgade.

L'hôtesse m'annonça d'un air tout à fait mystérieux, qu'elle avait préparé ma chambre, car elle avait une chambre, mais seulement pour les voyageurs propres, comme moi. Et comme j'étais harassé, je la suivis dans un dédale de petites rues, elle me fit monter au premier étage d'une maison et m'introduisit dans une grande chambre, aux fenêtres démantelées, au parquet sale et fendu. Un lit de fer immense dans lequel j'aurais pu coucher même en travers m'était destiné. La bonne femme avait mis de grands draps de grosse toile et au chevet sainte Anne pour me protéger, elle me conduisit à une seconde fenêtre. Vous pouvez jeter par là, tout ce que vous voudrez!! Je vous comprend digne hôtesse! aurais-je pu dire. Encore une! qui n'a jamais entendu parler de l'hygiène pour laquelle le gouvernement italien a fait tant de propagande et de sacrifices? Et je dormis du plus paisible des sommeils au milieu de ces honnêtes gens. Je me réveillai à l'aube, car j'avais encore un grand voyage à faire. Dans la rue tout était tranquille, dans la pâleur de l'aube, alignés contre les murs la moitié de la bourgade, puis des fenêtres, des trous pratiqués dans les murs; c'étaient des objets de toute forme : ustensiles domestiques, lacrimatoires naturalistes, vidés par toutes les belles créatures que j'avais vues la veille en leur séduisant costume national. Il pleuvait à torrents, l'eau du ciel lavait la rue, les pierres étaient propres, comme si on les eût frottées à la brosse. Mais quand il ne pleut pas!!

Beau pays vieux dans l'histoire, mais neuf en notre monde moderne, que de leçons, que de temps il faudra pour changer ces habitudes, pour dresser les familles! Et cependant il le faudra, on a bien eu raison des lazzaroni de Naples, eux aussi étaient rebelles à la civilisation, et quand en 1860 l'édilité introduisit des vespasiennes murales, ces vagabonds de la grande cité du Vésuve, les prenaient pour des bénitiers. Vieux pays! dis-je, car son histoire est mêlée à celle de Rome, ils étaient le pays des Practuttii, dont la capitale était Aprutium, ce qui explique évidemment l'étymologie du nom Abruzzes! C'est dans les Abruzzes que vinrent se rencontrer près d'Aquila, les deux armées de Charles d'Anjou et de Conradin de Souabe, qu'on appelle encore dans le pays Corradino di Baden. C'est près d'Aquila que les deux armées se heurtèrent. L'armée de Conradin et du duc Frédéric d'Autriche bien que plus nombreuse que celle du duc d'Anjou fut taillée en pièces, lui-même et son ami Frédéric furent faits prisonniers, amenés à Naples et exécutés. A l'approche de Conradin, les Sarrasins restés en

Italie s'étaient joints en masse à l'armée du jeune prince, ces gens du désert (Sarack), de religion mahométane, qu'on nomme encore sarracènes, formaient un corps spécial qui bien que battu, resta groupé. Traqués, poursuivis, ils se dirigèrent vers les vallées de l'Ouest et se réfugièrent dans les montagnes. Voici par exemple un mont qui s'élance vers le ciel, à son sommet on voit des murs, une bourgade, sorté de nid d'aigle, à une altitude de près de mille mètres. C'est Sarracinesco, je vais en faire l'ascension et je convie le lecteur à bien vouloir me suivre jusque là-haut, il ne se fatiguera pas autant que moi et il partagera en pensée les jouissances que l'ont ressent, quand on est arrivé au but.

Le syndic de Sarracinesco, le brave marchand de tissus des Abruzzes, M. Ossola, qui habite Rome et se garderait bien de vivre au milieu de ses administrés, m'avait donné des lettres pour les notables de sa commune. Il avait voulu télégraphier à Vicovaro, envoyer un express à Sarracinesco, afin qu'on m'amenât une mule pour l'ascension de la montagne. Je refusai ces facilités, j'étais pressé et j'aurais dû attendre la réponse pendant deux ou trois jours. On m'avait assuré que des femmes faisaient le voyage et je jugeais pouvoir en faire autant. Je débarquais un beau matin dans une vallée sauvage traversée par une rivière bouillonnante d'eau jaune. De la station de Vicovaro ou de Mandella, on voit au loin à l'horizon le pic au sommet duquel se trouve cette bourgade encore inconnue et que les touristes n'ont pas encore trop déflorée. Sarrascinesco est habitée par les descendants des fameux Sarrasins battus par Charles d'Anjou. Ils ont gardé un type oriental très beau, surtout chez les femmes, qui toutes ou presque toutes s'en vont à Rome, en compagnie de leur mari ou de leur fiancé, qui les suit partout, poser chez les artistes qui exécutent ces peintures à couleurs locales, si prisées par les amateurs. Sarracinesco est par conséquent le pays des modèles et des femmes qui posent, c'est aussi comme on va le voir, un vrai petit pays modèle.

Vicovaro est une pauvre bourgade morte sur la ligne de Tivoli à Sulmone, elle est située sur un coteau qui domine la vallée au fond de laquelle coule le Teverone; la localité est vieille, sale, dotée d'une église et d'un vieux temple payen en rotonde, contre les murs duquel l'église a apposé quelques bas-reliefs. De Vicovaro la route fort mal entretenue suit le coteau, des figuiers croissent ici et là, des vergers, quelques plantations de roseaux qui s'agitent sous la brise avec un frôlement doux comme celui de cent robes de soie ; à mesure qu'on s'éloigne de Vicovaro la nature devient plus sauvage ; une église seule, perdue dans les rocs, rompt la monotonie du paysage. Au lieu d'apposer un indicateur pour renseigner le voyageur, on a placé un écriteau faisant appel aux aumônes. Il faut rebrousser chemin, descendre le long d'un sentier et franchir, sur un mauvais pont rongé, le turbulent Teverone — près de là un arceau de pont romain, magnifique travail, témoigne de la supériorité incontestable des ponts-et-chaussées de la vieille Rome. On s'engage de l'autre côté dans une montagne, le chemin devient de plus en plus accidenté, des sources le défoncent ; la boue, les pierres, la pluie, l'ont mis en un état pitoyable. Plus loin quelques champs, des individus isolés dans l'espace travaillent ; ici ce sont des bœufs qui labourent, un chien hargneux qui aboie, puis tout devient silencieux. Le Teverone forme des cascades impétueuses ; un *fiumincino* vient ajouter ses eaux à celles du petit Tibre. Enfin voici encore un être humain, je lui demande mon chemin pour aller à Sarracinesco ; il me regarde d'un air ébahi, puis il se ravise et me dit : Allez vite, il pleut dans la montagne, l'eau grossit et vous ne pourriez passer la rivière ! Je me hâte en effet, je franchis une gorge à travers les ronces et rocailles et je me trouve en face de la rivière, qui gronde dans les rocs. Point de route, point de pont ! ! On en construit en Abyssinie, mais pas partout en Italie ; je sonde la profondeur de la rivière, ma canne y passe jusqu'à la poignée. J'enlève souliers et bas, puis pantalons et je franchis le Rubicon, tant pis si je ne puis repasser l'eau. Dans une éclaircie de nuages et à travers une échappée de rochers, j'avais vu Sarracinesco dominant fièrement le paysage, c'était d'une altitude décevante. De l'autre côté de l'eau, c'est la montagne ; des coudriers, des rochers, des surfaces nues, avec quelques chênes sous lesquels grognent sans surveillance des bandes de petits porcs noirs. Ici et là quelque oiseau de proie qui prend lourdement son vol, son aile bat les branches avec un bruit sourd, des rouges-gorges chantent dans les buissons, pas un être humain, pas une chaumière. Des pierres partout, des escaliers taillés dans le roc par le sabot ferré des mules et des ânes. Et je continue à monter hâletant, inquiet, craignant de me perdre dans ces solitudes. Heureusement on domine le paysage et en allant droit devant soi on

ne peut manquer son but. Enfin voici quelques
huttes en pierres superposées couvertes de
chaume — elles sont désertes, elles dégagent la
forte odeur du porc, c'est là qu'en hiver les animaux de la montagne viennent se réfugier. Un
geai bleu fait entendre son cri saccadé, d'autres
geais répondent, j'effraye ces volatiles, à ce
qu'il paraît, car il font un tapage assourdissant.
Le temps est sombre, il pleut, les rocs sont glis-
sants comme des cristaux de glace. Ce paysage
me rappelle les plus vilains sites de l'Herzégovine, alors que pendant l'insurrection nous bat-
tions l'estrade en quête d'émotions, craignant à
chaque instant de tomber sur un détachement
turc. Mais en ces parages rien de pareil à redouter, bien qu'il soit celui des Sarrasins, il est
hospitalier. Enfin des heures s'écoulent, elles
me paraissent des siècles, au détour d'un bloc
de rochers, je vois se dresser devant moi Sarracinesco avec ses vieilles murailles noires, ses
broussailles qui croissent entre les roches, je
suis au but; mais non, c'est un effet d'optique : il
y a encore trois quarts d'heure d'ascension. Une
bonne vieille passe, elle se régale d'un gâteau
de farine de maïs et d'un oignon, elle porte le
pittoresque costume des Abbruzzes et des
Sabines, elle se détache en rouge contre les

rochers jaunes, elle m'adresse amicalement la parole et me dit que je trouverai à Sarracinesco de l'eau fraîche et du vin, car je meurs de soif. Me voici au haut du coteau : un édifice grossier et bizarre frappe mes yeux, c'est comme la façade d'une fontaine turque, des femmes en costume pittoresque sont là, je demande de l'eau. «Il y a bien des puits, mais pas d'eau » me dit une belle créature. Vous verrez plus loin ce qu'elle voulait dire. Une autre me crie «vous auriez dû prendre une voiture ?» Je lui rends la monnaie de sa pièce. « C'est vrai, mais je n'en ai pas trouvé à cinq roues ! » et toutes ces femmes de rire et de montrer leurs dents blanches. Enfin je suis devant l'entrée de la place, il y a encore des rocs et des escaliers à franchir ; me voici dedans ! J'ai des lettres pour les notables de la ville ! dis-je à un personnage qui me regardait d'en haut monter à l'assaut de la place, pour le signor Domenico Belisario, secrétaire communal ! C'est moi. Soyez le bienvenu ! L'excellent secrétaire me serre la main, me conduit à travers des escaliers qui montent et descendent boueux, couverts d'immondices de tiges de maïs décortiqué, nous chassons de petits porcs qui fuient au galop et nous entrons au logis du secrétaire, logis propret, comme un bon intérieur de nos paysans. On ne me donne un verre d'eau, on va chercher du vin, on me fait placer près de la cheminée où brûle un petit feu, car l'air est vif et je suis trempé de pluie et de sueur.

Le secrétaire communal a plusieurs enfants, dont deux sont en France, employés dans la compagnie des Sleeping-Cars. Sa femme a passé trois mois à Paris, chez son fils. Elle en revient et c'est avec un grand soupir en regardant à la rue qu'elle dit: « que c'était beau ! ». Sa fille, une jolie brune est en toilette de ville, mais il y a là une grande et belle Sarracinese en costume national qui est ravissante avec son air nonchalant, ses grands yeux arabes, son corset de couleur et la natte sur sa tête. Je sors mon carnet et fais un petit dessin. Elle se nomme Anna Maria Luccafelli, elle aura 14 ans en février, c'est déjà une femme. C'est notre « cammerière » (bonne) me dit Mlle Belisario. Curieuse fille, elle mange tout, mais jamais de viande et elle se porte fort bien. La jeune fille

est toute heureuse qu'on parle d'elle. M. Belisario lui prend le bout du nez et tourne la tête vers moi. Regardez comme elle est jolie!! Et il lui dit: « Quand tu seras mariée, tu iras à Rome comme modèle, mais pas avant. Et la jeune fille sourit d'un air narquois, comme si elle eut voulut dire : c'est convenu, j'attendrai mais je pourrais bien aller seule. Toute la petite société se mit à rire.

M. Belisario continua : Nous avons actuellement 70 Sarracinese qui posent à Rome. Que ferions-nous là-haut, sans terre cultivable, sans produits du sol, sans industrie, si nous n'avions cette ressource, car nous sommes dans le pays des modèles. Et comme j'étais rafraîchi et réchauffé en même temps, l'aimable cicérone me conduisit à travers la localité, tout d'abord à la citadelle. Ce sont de vieux murs de 3 à 4 mètres d'épaisseur dominant dans les rocs les autres constructions, au centre un petit jardin avec des touffes de romarin, puis une citerne pleine d'eau. De là-haut la vue domine le fouillis des ruelles de la localité. Les maisons basses, sombres, sont toutes de très chétive apparence, mais dans les ruelles, sur ces rocs et ces escaliers sales, dans ces antres sombres, on voit s'ébattre, aller et venir des gens enjoués, souriant, courtois.

M. Belisario arrête de belles filles à la rue; voici Francesca, Assunta, Maria, il leur parle, il me montre les beaux visages, les grands yeux, les beaux cheveux noirs, il procède délicatement, galamment, il ne touche les belles qu'au bout du nez. Et comme elles sont heureuses, gaies, que M. le secrétaire communal les présente à un étranger. Et nous entrons sans façon dans quelques maisons — dans l'une d'elles la mère est entourée de toute sa famille et de plus d'un charmant petit ânon, qui est là en philosophe, immobile, comme si dans sa tête laineuse, roulaient mille pensées. «Ecco tutta la mia covata!» (Voici toute ma couvée) me dit la mère en me montrant 7 à 8 garçons et fillettes proprets, enjoués, point timides ni bêtes comme certains enfants, néanmoins discrets et réservés. Quel délicieux petit intérieur! Ailleurs c'est un gros garçon qui revient d'Australie. Vilain pays! me dit-il. J'aime encore mieux Sarracinesco! Et sur la table il y a un grand gâteau fumant fait avec de la farine de maïs couvert de petites saucisses. On nous presse de prendre part au festin. Et nous entrons dans plus de vingt intérieurs, toujours bien accueillis, nulle part on ne paraît nous trouver curieux et importuns. Nous vivons heureux ici en haut, nous n'avons rien que notre gaîté et notre bonne santé, on ne meurt que de vieillesse, me dit M. Belisario. Nous sommes des descendants des Sarrasins, des Turcs, tout ce qu'on voudra, mais nous sommes contents de notre sort. Les noms de famille ont été *italianisés,* mais ils ont cependant un caractère spécial : Fallonchi, Ulani, Lugafelli, Marguta. On ne retrouve pas plusieurs de ces noms dans le reste du pays.

Un indigène accourt et annonce qu'on nous attend, qu'il a apporté du vin ; nous rentrons chez le secrétaire, je bois plusieurs verres d'un vin qui provient de quelques vignes du pied de la montagne ; il est un peu aigre, clair rose ; on veut m'obliger à me mettre à table, mais l'excès de fatigue m'a coupé l'appétit. En ce moment entre l'institutrice de Sarracinesco ; c'est une Milanaise ; elle a un traitement des plus modeste, quelque centaines de francs par an, plus la maison, le bois et quelques avantages, elle apporte un grand plat de maccaroni. C'est une fort aimable personne, jeune encore et qui bien que fort dépaysée, n'engendre pas la mélancolie, elle parle même un peu français. Elle a une soixantaine d'élèves, garçons et filles, c'est une institutrice laïque et de l'État. Là-haut tout près du ciel, les gens ont cette religion de la montagne pure comme l'air, plutôt éthérée, on est religieux mais pas bigot — bien que les gens de Sarracinesco se soient jadis donnés au pape dont ils avaient sollicité la protection.

Les heures s'étaient écoulées, j'étais ravi de trouver enfin en Italie un coin sans mendiants, sans exploiteurs, peuplé de gens contents de leur sort, gais, enjoués sans obséquiosité, et j'en fis compliment au secrétaire. Il en était ravi. Mais oui, dit-il, le pays est honnête, la population est pauvre, mais pas misérable, les gens s'aident entre eux par esprit de sociabilité, quand une famille descend pour plusieurs semaines dans la vallée, elle tire la porte, sans même la fermer à clef, en la poussant du pied on l'ouvrirait, il n'y a pas de voleurs dans ce petit pays où tout le monde se connaît. La journée s'avançait, M. Belisario m'offrit une chambre, un bon lit, mais je craignais qu'en tardant trop j'en fusse réduit à enlever plus que mon pantalon pour passer le torrent. Le secrétaire fit un signe : « une mule » ! Dix minutes après un brave petit bonhomme, en vrai costume d'opéra comique, amenait une mule. Le petit garçon vous conduira à Vicovaro, vous lui donnerez deux francs, me dit-il. Je distribuai des poignées de mains à tout le monde et nous quittâmes la place accompagnés par des souhaits de bon voyage de toute la localité. M. Belisario m'accompagna jusqu'au bas de la première rampe à l'endroit où j'avais demandé de l'eau. Le vieil édifice était là presque solennel, à droite une haute niche avec une peinture de la vierge. C'est notre cimetière, me dit M. Belisario, et son visage gai était devenu sévère. Cimetière n'est pas le mot, car nous n'avons pas de terre. La loi italienne prescrit qu'on rendra les morts à la terre, on a dû faire exception pour nous. Le muletier et sa mule attendaient sur les rocs de la route, nous pénétrâmes dans l'édifice, un habitant ouvrit une porte donnant sur une petite terrasse. Il y avait là quatre plaques munies de grosses boucles. « Dans ces deux », me dit M. Belisario, sont les morts de plusieurs siècles, c'est là que reposent ceux du passé qui nous ont devancés dans le grand voyage. Là sont nos morts du temps. Un habitant souleva une des plaques, je ne vis rien qu'une sorte de buée grise qui s'échappait de l'orifice. Il leva la plaque de l'autre et la posa de côté. Là au fond d'un puits étaient disposés une dizaine de cercueils plats en bois rougeâtre sur lesquels étaient peintes de grandes croix blanches.

Ils étaient là un peu en désordre tels qu'on les avaient descendus à la corde et poussés. Entre deux cercueils, le corps d'un enfant enveloppé dans un simple linceul. « C'est le seul qui n'ait pas de cercueil » me dit M. Belisario. C'était une petite fille, dont les parents sont bien pauvres. Je regardais encore dans ce caveau profond, noir, froid, ces cercueils simples en lesquels gisent dans le repos des siècles ceux que la mort surprend là-haut après une longue vie!! Les habitants savent que leur tour viendra, qu'ils seront descendus un jour dans ces trous et que leur corps desséchera lentement. Chaque fois qu'un compagnon nouveau est descendu, c'est une lueur, parfois un rayon de soleil qui vient jouer sur ces lugubres restes. Ce jour-là le ciel était grisaille, une brise fraîche soufflait sur la montagne, le temps était triste comme le spectacle. Après le tableau riant de la vie heureuse, de la gaîté, du bonheur simple et naturel — la réalité, la mort, les angoisses du trépas.. Nous étions redevenus tous graves, j'étais un peu ému, je l'avoue, la mort fait toujours, même sur les forts, cette impression imposante. M. Belisario fit un signe à un des habitants, la plaque retomba lourdement sur l'orifice et nous sortîmes de cet étrange cimetière. Au dehors j'étais déjà à 50 mètres du groupe, descendant rapidement la montagne. M. Belisario me criait encore. Bon voyage ! revenez une autre année nous faire visite!! Les rouges-gorges chantaient dans les buissons, je ne sais pourquoi leur chant me parut plus triste encore et plus mélancolique que lorsque, le matin, je faisais l'ascension du pic des Sarrasins.

TABLE DES MATIÈRES

Préface . . . . ı
  I. Les campagnes de l'Émilie. — De Rimini à San-Marino. — La petite république aux trois tours empennées 1
 II. Les postes de la république. — Arrivée à Saint-Marin. — Les institutions de l'État. — Le budget. 13
III. Les archives de Saint-Marino. — Autographes d'hommes célèbres. — Souvenirs historiques. — Passage de Garibaldi, raconté par un vieillard. 39
 IV. Rome en couleurs. — En entrant dans la ville éternelle. Saint-Pierre. — Le Vatican, les ruines, le prisonnier. — Léon XIII. — Les Scagnozzi. Pollastrone 53
  V. Le bon vieux temps. — Les mœurs. — Rome papale. — Réaction, l'armée, le soldat du pape. — La débâcle 71
 VI. La campagne de Rome. — Les Ottobrate. — Frascati. — Tivoli. — Marino et ses mœurs. La Passatella et la Cicciata 90
VII. Le mont des Briques. — Du haut du Janicule, La campagne de Rome et la malaria. — Qu'est-ce que l'agro romano ? — La folie des grandeurs 105
VIII. De Rome à Naples. — Quelques pages d'une histoire peu connue 122

IX. Quelques notices sur l'histoire de Naples. — La mule blanche. — La révolution française. — L'amiral Nelson et ses faiblesses. — Ferdinand, libérateur de l'Italie. — Championnet, le premier général républicain qui détrône un roi. — La république parthénopéenne. — Retour de Ferdinand. — Murat. — Le carbonarisme 133
X. Naples et les Napolitains. — Feu le Lazzaroni. 154
XI. XII. La gaité à la rue. — L'école. — L'église. — Le vice. — Conscience populaire . . 165
XIII. Le corail. — Les pêcheurs et les travailleurs du corail. — Victor Emmanuel, patron de cette industrie. — Les merveilles des eaux du golfe. — L'aquarium 178
XIV. La misère à Naples. — La question des salaires. — Charité et cruauté. — La loterie. 193
XV. La légende de saint Janvier. — Les Saints. — Le choléra 207
XVI. Le pays des chansons. — La fête de Pié di Grotta. — La chanson en vogue. — Lariula et Muglieremma cumme fa. — Les Zampognari de calabre et des Abruzzes . 220
XVII. Les régiments suisses au service des Bourbons de Naples. — Leurs mœurs, leur service, leur organisation, leur rôle. — Leur dissolution. 236
XVIII. La Sicile. — Palerme et les Palermitains . 260
XIX. L'épopée garibaldienne en Sicile. — La Pentecôte de 1860 à Palerme. — Siège de Capoue et de Gaëte. — La fin d'un régime. 272
XX. Les Abruzzes. — Vieux pays neuf. — Ascension au pays des modèles. — Un nid d'aigle. — Cercueils au fond d'un puits . 286

www.ingramcontent.com/pod-product-compliance
Lightning Source LLC
Chambersburg PA
CBHW070625160426
43194CB00009B/1374